認知症の家族を守れるのはどっちだ!?
成年後見より家族信託

石川秀樹 著

ミーツ出版

　この本は、ごくふつうの家庭で起きる「認知症で困った」を解決するために書き始めました。

　最近、「人生100年時代」と聞くことが多くなりました。頭では、よーくわかっています。

　今は80歳で人生は終わらない。もしかしたら100歳まで生きてしまうかもしれない。この追加の20年は………

　思考はいつもここで止まってしまいます。

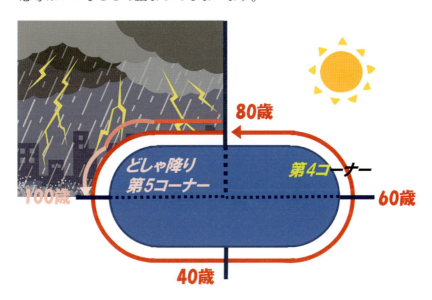

　そこで走り描きしてみました。1周回って、まだ先があります。

　80歳過ぎてからがスムーズに描けませんでした。つまずき、つまずき、やっとゴール。いやはや、この20年、ずいぶん長いですねぇ。60歳からゴールまで「いよいよ人生第4コーナーだ」と、昔の人は考えました（といっても、ほんの10年と少し前の「昔」ですが）。80歳がゴールだと考えれば"第4コーナー"というたとえは当たっていました。でも今は……

まえがき

　そこから先、さらに20年あるのだとすると、「コーナー」というには長すぎます！ サラリーマン時代はだいたい40年。その半分に匹敵する長さですから、"老後時代"と言うべきでしょうか。

　「60歳」と言えば、まだ若い盛りです。昔の唄に『村の渡しの　船頭さんは　ことし六十のおじいさん』というのがありましたが、今は"おじいさん"どころではありません。でもその若さと元気、85歳まで続く人は滅多にいません。80代からの衰えは急。さらにそこから先の20年は、たぶん、どしゃ降りです。

　「人生第5コーナーはだいぶ過酷」、というのがこの本のテーマです。雨やあらしが吹くかもしれない。お金は大丈夫ですか？ あなたは認知症になりませんか？ 家族はいますか？ きずなはありますか？

　自分がしっかりしている時ならともかく、心身ともに衰えを感じているときに、**お金、認知症、家族**という3つの不安をあなたは抱えるかもしれないのです。

　「お金は大丈夫。老後に備えて貯めてきましたから」

　そうですね。あなたはコツコツ貯めてきてウン千万円の金融資産をお持ちです。で、今その資産、すぐ使えるお金になっていますか？ 定期預貯金、生命保険、株や投資信託になっていませんか？

　あなたは認知症にならない人でしょうか。統計的には3人に1人の確率だともいわれます。だから運が良ければあなたは免れるかもしれない。でも、80歳、90歳になればどなたでも気力、判断力は落ちてきます。脳梗塞のリスクをかかえ、事故にあう確率も高くなる。認知症でなくても、意思能力を失う可能性は、低くはないのです。

　その時に、使えるお金（つまり現金またはカードで引き出せるお金）がないと、あなたはすぐに経済的に行き詰まります。先ほど言った大きなお金、定期預貯金、生保、株や投資信託は、あなたに意思能力がなくなると金融機関に**凍結されて"使えないお金"**になってしまいます。預貯金は、同

居する家族が交渉しても解約、引き出しができません。

でも大丈夫、そんな時に備えて介護保険制度を用意したし、成年後見制度も作りました、と国はいうかもしれません。

実は、「成年後見」がこの本のもう一つの重要なテーマです。「とても使いにくい制度だ」という意味で。ふつうの家族がこれを使ったらもう大変。ほぞをかむことになります。

代わりに私は、「家族信託」という新しい財産管理法をおすすめしています。認知症や高齢期のマネー対策として、使えます。だからこの本は「家族信託」を知ってもらうために書きましたが、〈人生第4、第5コーナーのためのマネー学〉としても活用してほしいと願っています。

なぜなら、私が想定していた以上に、「お金が凍結されて困った！」問題が大きくなっているからです。困った挙句、成年後見の申し立てをする人が急増しています。悪循環です。

法律にかかわる人間として、この制度の意義は承知しています。人生100年時代だからこそ、うまく活かしたい、とも思います。しかしジャーナリストの私は、この制度はふつうの家族を傷つける、大げさで、高飛車で、人間の気持ちがわかっていない者たちが「理屈」だけで運用を始めてしまった制度ではないか、と感じています。成年後見人候補としての「家族」を隅に追いやり、司法書士、弁護士等の専門職後見人を7割以上も使うようになった今、その傾向はますます強まっていくでしょう。

この窮状を救わなければなりません。お金のことでふつうの家族を成年後見制度に追いむことは、この制度の本旨ではありません。しかし現実には「必要なお金なのに本人も家族も引き出せなくなっている」ために、ふつうの人々がこの後見制度に駆け込まざるを得なくなっているのです。

これから書くことが、皆さまのお役に立つことを願っています。

（家族の認知症でお困りの方は、巻末235ページを参照ください）

目次 　認知症の家族を守れるのはどっちだ!?　成年後見より家族信託

まえがき ……………………………………………………………………………… i

第1部　認知症と戦う
財産凍結の時代が来た！
成年後見より家族信託を使え

プロローグ　家族信託とは何か ……………………………………… 2

第1章　なぜX氏は家族信託をしたか
──認知症の妻を老々介護して ………………………… 7

　　資産1億円のX氏一家　7
　　家族の絆はあるのに今は"別々家族"　8
　　資産に比べ「使えるお金」が少ない　9
　　夫婦の入院・施設費に毎月30〜50万円　10
　　2年8ヶ月でお金が尽きてしまう?!　11
　　認知症で凍結されたら「家」も売れない!　12
　　「大きなお金」は動かせるお金に戻せ!　13
　　応急対策では老後資金に足りない　14
　　認知症の影響は「凍結」だけにとどまらない　15
　　凍結預貯金を動かせるのは後見人等だけ　16
　　では「成年後見」を使っていいのか　17
　　凍結解除したお金は家族に渡されない　18
　　成年後見の費用、時には1000万円を超えることも　19
　　成年後見制度を申し立てると施設を選べない　19
　　家族の思いとズレている成年後見　20

v

目次

　　　家族信託は、依頼者の思いに応えてくれる　21
　　　家族信託なら「実家売却」もスムーズ　23
　　　妻を第2受益者にしておけば安心　24
　　　追い込まれての成年後見だけは避けたい　25
　　　認知症に楽観は禁物、時間との勝負と心得よう　27

第2章　成年後見と家族信託でできる事
―――家族の役に立つのはどっちだ、全く異なる2つの制度　28

Ⅰ　「できる・できない」を一覧表に　29
　　　信託の受託者に"凍結"解除を期待するのは筋違い　29
　　　成年後見人には別の問題が……　33
　　　認知症高齢者の資産、2030年に215兆円　33
　　　銀行の都合でお客様は大きな犠牲を強いられる　34
　　　「家族がうるさいから"凍結"」だなんて　35
　　　金融庁は「凍結しろ」と言っていない!!　36
　　　本人に意思能力があれば銀行とも戦える　36
　　　不動産処分は家族信託の得意技　37
　　　不動産処分、成年後見人のできることは限定的　38
　　　してほしくないことまでする成年後見人　39
　　　老親の株取引をやめさせたい、が通らない!?　40
　　　誘っておいて、止める時には「後見人を」ですか?　42
　　　証券大手の英断、受託者が運用できる証券口座を開設!　42
　　　相続放棄には後見人が欠かせない　43
　　　遺言より強力、家族信託の承継機能　44
　　　家族信託で「生前贈与」はすすめない　45
　　　会社や事業に関すること、成年後見人は判断しない　46
　　　強い権限も特殊詐欺には無力　47
　　　後見開始すると、家族は「身上監護権」を失う!?　47
　　　複数の専門職後見人となることさえある　48

家族の出番が消し飛んでしまった！　49
　　　身上監護そっちのけの後見人も　50
　　　「延命」の可否を決められるのは本人だけ　51
　　　　コラム　『大事なこと、ノート』を提供しています　53

Ⅱ　手遅れなら成年後見、間に合えば家族信託 …… 54
　　　成年後見人は、本人を代理して単独で行為　55
　　　家族信託は本人の"伴走者"　56
　　　家庭裁判所がにらみを利かす成年後見　57
　　　財産を受託者の名義にして、管理してもらう　59
　　　委託者の生活は何も変わらない　60
　　　任意後見契約もおすすめしない　61

Ⅲ　安全を指向し堅苦しくなった成年後見 …… 63
　　　家族が後見人になれるのは 20％台　64
　　　「家族後見人は減らす」に方向転換　65
　　　後見人の解任は「×」、後見からの離脱も「×」　67
　　　「しまった！」と思っても引き返せない制度　68
　　　　参考①　家族が成年後見人になれない 15 の理由　69
　　　　参考②　家族が成年後見人を使った方がよい場合　70
　　　　緊急ニュース　成年後見は「親族が望ましい」と最高裁　71

第 3 章　「認知症」と「家族信託」
　　　──誤解される「認知症」との戦い …… 74

Ⅰ　認知症、誰もが知っているのに知らないこと …… 74
　　　認知症は「病名」ではありません　75
　　　認知症は脳の誤作動。「痴呆」とは違う　76

Ⅱ　「認知症」と知られただけで"特別扱い" …… 78

目次

Ⅲ 老後資産の凍結は13年前から深刻だった！ ……… 80
　2006年が"預金凍結元年"　81
　突然「わが家の認知症問題」に遭遇する　82
　6割の人が「最後は1人になる」超ソロ社会　82
　2人に1人は認知症問題に直面する　84

Ⅳ 認知症と診断されたら家族信託は無理!? ……… 85
　「認知症」の症状は千変万化　86
　一度判断されたら"逆転"できない　87
　「補助」と「保佐」の境目は医師でもわからない　88
　銀行が「認知症」を疑うとき　88
　高齢社会に追いつかない私たちの常識　89
　不動産の"凍結"も進行している！　90
　司法書士は「保佐相当」でアウト！　91
　司法書士の判断が信託時機の限界を決める　92
　成年被後見人、被保佐人になると地位を失う　93
　預金を崩せなければ家族信託は無理！　94
　長谷川式テストに戸惑うとき　95
　コラム　信託前の財産管理、代理人カードがおすすめ　96

第2部　受益権に切り込む
家族信託が民法でできないことを可能にしてしまう理由（わけ）

第4章　家族信託の本丸・受益権とは
　——委託者の"分身"が活躍できる原動力 ……… 100

Ⅰ 受益権を徹底解説 ……………………………………… 101
受益権は一種の"方便"だった!　101
不都合な現実をなんとかするために　102
発想がぶっ飛んでいる信託法　103
強すぎる所有権を何とかせよ!　103
信託で所有権は「名義＋受益権」となる　104
「委託者＝受益者」という大発明　106
家族信託の原型は商事信託に似ている　107
「人を頼みにする」という発想も大事です!!　109
委託者の当初の意思が"凍結"される　111
委託者が望めば代々の承継者まで決められる　112

Ⅱ 実際に受益を得るとは、どういうこと? ……………… 114
〈金銭〉　給付されたお金の使い方は自由　114
〈自宅〉　住み続けることも受益権　115
〈1棟の収益マンション〉　収益受益権と元本受益権がある　115
信託の終わり方までち密なシナリオを　116

第5章　信託の2大障壁、解消
―― 受託者用通帳と家族信託用証券口座の登場 …… 118

Ⅰ 家族信託に見向きもしなかった業界が変化 ………… 118
三井住友信託銀行が先駆け!!　119
信託法に「通帳」についての記述はなし　120
「信託受託者」がわかる通帳!!　122
受託者のアパートローンもOK　123
差押えられず、受託者の相続財産にもならず　123
銀行は、受託者の項目に注目している　124

目　次

II　銀行が受託者通帳を作ってくれない時の対処法 … 126
　　通帳なしの管理では不十分　126
　　決済用普通預金口座は"切り札"になる！　127
　　信託契約書に口座番号まで明記しておく　128
　　税務署にも信託したことを伝える　128
　　自信をもって「信託通帳の代替になる」と言える　129

III　「株や投資信託はもうやめて！」を実現 ……………… 130
　　野村證券が「家族信託口座」を開設！　131
　　一代限りの自益信託が基本　131
　　口座名は「家族信託（受益者名）口」　132
　　他社から株や投信を移管するのは難事業!?　133
　　「75歳ルール」のときに３つの選択肢　134

第3部　家族信託の事例
第2受益者を置けることが家族信託の大きな魅力に

第6章　委託者死亡で終了する家族信託
──家族信託のプロトタイプ　遺言より強固な約束としての機能も …………… 138
　　ふだん着の契約書にしたい　139

I　「いざとなったら居宅売却」型信託 ……………………… 141
　　受託者のために信託の方向性を示す　142
　　金銭を追加信託することも可能　144

家族信託の3当事者　145
　　委託者にも受託者にも贈与税はかかりません　145
　　必ずしも委託者死亡で信託は終了しない　147
　　信託財産は分別管理しなければならない　149
　　不動産の分別管理は確立している　150
　　信託目録があるので取引は安全に　150
　　受託者のする仕事を細かく指示　152
　　認知症対策信託では受益者代理人は不可欠　153
　　家族の間だからこそきちんと報告　155
　　年金や自動引落は信託外の通帳で管理　155
　　思いがけない形で信託が終了したら!?　156
　　委託者に財産を戻す場合もある　158
　　税制上、家族信託は「ないもの」とみなされる　159
　　家族信託の契約書は"超遺言"　159
　　あらゆる場面を想定して用意しておく　160
　　主役なのに受託者は「報酬なし」も多い　162

Ⅱ　老後の心配事、自益信託で解決できる …… 163

Ⅲ　ワンセットで夫婦を守る家族信託 …… 165
　　老後ど真ん中の対策が抜けている！　165
　　家族信託は自分の死後も大切な人を守る　167
　　1人だけを信託で守れればいいの!?　168
　　80歳までは元気でも、その先はわからない　168
　　信託の財布を小分けしないでください　169

Ⅳ　収益アパート管理型信託 …… 171
　　バブル期の収益不動産ブームのツケ　171
　　案に相違して妹が受託者に名乗り　172
　　信託したことで柔軟な経営判断が可能に　173
　　受益権の形で財産を承継させる　174
　　家族信託で契約凍結リスクを回避　174

受益権を活用して"争族"を防ぐ　175
　　　受益者連続型信託の落とし穴　176

V　事業承継に使える自社株信託 …………………………… 178
　　　経営者の認知症は会社を追い詰める　178
　　　成年後見では会社の苦境を救えない　179
　　　信託すると「議決権」は受託者に移る　180
　　　後継者の力量を確認しながら自社株承継を行う　181
　　　指図権を行使して後継者を育てる　182
　　　逆信託で後継者を伸び伸び育成　183
　　　将来の自社株高騰に対処する方策　184

VI　家族信託は、遺言より強力な承継機能あり ………… 186
　　　書き換えや"相続人の謀反"　186
　　　成年後見人が相続財産を勝手に処分　187
　　　遺言では生前対策が行えない　188
　　　遺言は信託に口出しできない　189

第7章　委託者死亡後も続く家族信託
――○○なき後に大切な人を守る
　　　　信託のみが成し得る手法 ……………………………… 191

I　夫なき後の認知症の妻の暮らしを守る信託 ………… 191

II　最良の選択を、見誤らないでください！ …………… 193
　　　末期がんの夫・妻は認知症、どうしたら妻を救えるか　193
　　　任意後見では認知症の妻を救えない　194
　　　夫に成年後見人を付けても無意味　195
　　　負担付き遺贈の遺言も難点あり！　195
　　　家族信託を使えば認知症の妻を救える！　196
　　　AからBに受益権が移っても管理するのは受託者　198

中途半端な財産にして大切な人を救う　199
　　　委託者の健康状態に構わず早めに　199

Ⅲ　障がいをもつ子の、親なき後の信託 …………………… 202
　　　『この信託は長期化するぞ !』　202
　　　受託者の逃げ道をつくっておく　203
　　　受託者主導であえて信託に見切りをつける　205
　　　信託終了時に公的後見制度に託す　206
　　　「特定贈与信託」は有用だが、使いにくい面も　207

Ⅳ　後継ぎ遺贈型受益者連続信託の活用 …………………… 209
　　　受益者死亡で受益権はいったん消滅 !?　209
　　　3 番目の受益者は遺留分減殺請求ができるのか　210
　　　受益権は相続により移転するのではない !　211
　　　信託の期間は 30 年目以降の新受益者死亡まで　213
　　　遺留分については、楽観的に考えない　214
　　　問題は「遺留分」だけにとどまらない　215

第 8 章　家族信託の困った、諸問題
　　　──後継受託者がいない、
　　　　　委託者が分かってくれない ………………………… 217

Ⅰ　受託者不足の家族信託をどうする ? ……………………… 217
　　　士業の受託者を「NO」とする信託業法　218
　　　誰も人に自分の財産を管理されたくない　218
　　　管理型信託会社を受託者に　219
　　　ここでも法定後見を"よりどころ"とする　220

Ⅱ　委託者が「うん」と言ってくれない ………………………… 222
　　　母が入院前に通帳を託してくれた　222
　　　証券口座は父とふたりで管理　223

目　次

　　　　通信手段を断つことまでやった　224
　　　　家族がコケにされてたまるか！　225
　　　　100万円以上の「定期」は作るな！　226
　　　　銀行は変わってしまった、と親に刷り込んで！　227

終　章　家族信託契約書ができるまで……228
Ⅰ　家族信託のパンフレットを活用……228
　　　　□初めてのヒヤリング　　　□財産構成の確認
　　　　□問題点の洗い出し　　　　□使うツールの提案
　　　　□報酬と実費を見積もり　　□受託者・受益者決定
　　　　□家族会議で意思統一　　　□信託契約書の下書き
　　　　□関係機関と折衝　　　　　□契約書案を決定
　　　　□公証役場で契約締結　　　□登記や通帳等を作成
　　　　□家族信託の運営

Ⅱ　専門家に相談って、誰に頼ればいいの？……236
　　　　命にかかわる大事を、素人には頼まない　236
　　　　話をよく聴いてくれる専門家を見つけよう　237
　　　　自分の仕事に誘導する専門家は避ける　238
　　　　長文メールの返信をくれる先生を選ぼう　239

あとがき……240

第1部
認知症と戦う

財産凍結の時代が来た！
成年後見より家族信託を使え

家族信託とは何か

　「家族信託とは何か」について昨年パンフレットを作ったとき、第1ページに載せたイラストがこれです。
　「あなたの"分身"をつくる仕組みです。」がキャッチコピー。
　左側が父で「委託者」そして当初の受益者でもあります。真ん中は母、「2番目の受益者」になる人。そして右は娘、家族信託の主役となる「受託者」です。

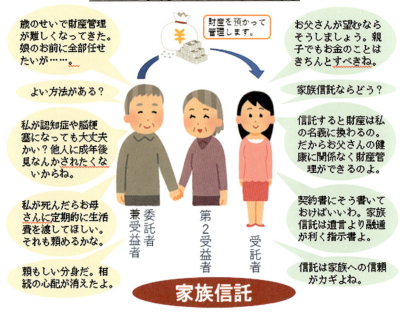

プロローグ　家族信託とは何か

　私の頭の中にあったのは、実は合鍵（スペアキー）のイメージでした。
　鍵を持たずに出かけたある日、帰宅するとあいにく家人が留守。締め出された私は、『車には１本スペアキーを置いていた』と思い出しました。ところがこの日は徒歩で駅に向かったため万事休す。目の前に家があるのに長時間の待ちぼうけとなりました。

　この状況、高齢になって判断力が落ちたり、認知症になってお金の管理ができなくなる場合と似ているなあ、と思ったのです。
　〈しまっておいたお金はどこ⁉　絶対にあるはずなのに。私は今、何をしようとしてここにいるの⁉　自分のことなのに、何もわからない……〉
　日常のごく当たり前のことができない、思い出せない。何をするにも自信がない。こういう不安な状態はつらいですよね。でも、しっかりした自分の"分身"がいればどうでしょう、安心できるのではありませんか？
　その分身をつくろうよ、というのが「家族信託」の発想です。自分に欠けた部分を助けてくれる合鍵を作っておこうよ。前ページのイラストに鍵は出てきませんが、会話で表現しているのはそういうことです。

　ここからちょっと難しいお話をします。
　たまに必要になる"合鍵"なら、今でもあります。「委任─代理」という方式です。ある人（Aさん）が別の人（Bさん）に事務を委任することによって、BさんはAさんの代理人として事務をする。父が娘に「私の代わりに〇〇万円をおろしてきて」と委任状を書いて、通帳と印鑑を持たせて銀行に行ってもらう、というのが典型的な例です。こういう代役は、A

さんが元気なうちなら何の問題もなく立てることができます。
　ところが今は超高齢社会で認知症多発時代です。そもそも「委任―代理」の前提は「委任する人に意思能力があること」ですから、認知症などでそこが怪しくなってくると合鍵は成立しなくなってしまいます。しかも**イラストの父**がほしいのは「臨時の代理人」ではなく、**恒久的な自分の"分身"**です。意思能力も判断能力もある今のうちに、将来衰えるかもしれない**自分のために自分の意思に沿って事務をしてくれる人**を見つけたいのです。これは、"ないものねだり"に近い、とても難しい要望です。

　ところがそれに近いことが、昔はできたんですよ。「家督相続」という旧民法（明治31年～昭和22年）が認めていた相続制度です。この制度では、戸主（その家の家長）が亡くなると長男ひとりが全部の遺産を継承・相続します。現在の感覚からすればとても不公平。ただ、ユニークな点がひとつありました。"**隠居**"という制度です。家督相続の時代、家長はすべての財産を相続する代わりに、一族の面倒をみるという暗黙の了解がありました。責任重大。神経を使う。だから高齢になると『そろそろ私の役目は終わりにしたい、若い者に家督を譲ろう』ということが許されていたのです。自発的な代替わりですね。この代替わり、ほとんど税金がからず行うことができました。
　戦後は民法が一変して、相続でも平等主義を貫くようになりましたから、家族の誰かに家督を譲って隠居するなどという制度は消えてしまいました。今それを実現しようとすると、高い贈与税がかけられて損をします。だから誰もそんなことはしない……。
　ということなんですが、「家族信託」を使うとこの"隠居制度"を、よい意味で復活させることができます。
　イラストで父は「財産管理を全部（娘に）任せたい」と言っています。これに対し娘は「信託すると財産は私の名義に換わるの」と説明しました。しかもこの財産移転について贈与税は一切かかりません。これってま

プロローグ　家族信託とは何か

さに隠居の実現です！

ただ、少し違うところがあります。隠居は全財産を次世代に譲ります。だからご隠居さんは、気楽にはなるけれど、金銭的にはキュークツ。家族信託はそこが全然違います。財産の管理権は「名義」が移ったことで、受託者である娘が完全に握ります。ところが受託者はその財産を自由に使えるわけではなく、財産がもたらす利益のほぼ全部を受益者のために使います。耳慣れない「受益者」という言葉を、ここでしっかり覚えておいてください。

　隠居の場合は後を継いだ新しい戸主が家族や一族のために家の財産を裁量的に使いますが、家族信託では、託された財産を受託者は、受益者のためだけに使うことになります。どのような場面でどれだけ使うかということは契約書に「信託目的」として書かれています。受託者はそれを忠実に守る義務があります。結果、父から託された財産を娘は、父に毎月定額給付したり、父が必要な時にはそれに見合うお金を支給するような形で管理していきます。

　お金の流れを水道に例えれば、水源は父で娘は水道の蛇口の管理者、水道管の先には父がいて、水量調整された水を受け取る、ということになります。元々自分が貯めていた水を自分のために使うだけですから（受託者は蛇口の調節役に過ぎないんですから）、贈与税なんか、かかるわけがありません。

"現代の隠居"は届け出制ではありません。家族間で契約書を作って申し合わせるのです。面倒だしお金もかかる。何のためにそんなことをしなければならないのでしょう。
　ひとことで言えば認知症対策です。
　家族の1人の認知症を放置していれば、いずれ金融資産は銀行に凍結されると「まえがき」に書きました。通帳のキャッシュカードを娘が預かって管理をする、などという対策を取る人は多いでしょう。しかし通常、この管理はとても長く続かざるを得ません。カードを紛失したり通帳の磁気が消えて機械に反応しなくなることもしばしばありそうです。その度に「本人の意思確認」を求められるというやっかいな問題もあります。また子が複数いる場合には、親のお金を管理する人とノータッチの人との間で、あつれきを生じることもよくあります。

　親の資産を子が管理することは違法でも何でもありません。ただ、（何と言ってもお金のことですから）厳正に行った方が家族の誰にとっても幸せになる確率が高いことは確か。家族で決めたルールの中で皆が一体感をもって"楽隠居"をしてもらう方が、安心です。
　家族信託はほかにもまだまだ多くの有益な機能を持っています。人生第4コーナーから第5コーナーを家族の力で回りきるために、この活用をぜひ考えてみてください。

第1章
なぜX氏は家族信託をしたか
認知症の妻を老々介護して

　族信託のイメージがつかめたところで、第1章では、かつての職場の先輩X氏一家に起きたことをご紹介したいと思います。ごくふつうの家庭でなぜ家族信託契約を結ぶに至ったのか、というお話です。その背景には、10年前とは明らかに違う超高齢社会・認知症患者800万人という今の日本の時代風景があることをお知らせしたいのです。

　X氏は長年地方新聞社で記者を務め、鋭利な分析力をもち、文章も明快、市井の人々の暮らしについての関心も深い一級の社会派記者でした。

- 先輩のX氏（78）
- その妻Yさん（73）
- 長女Aさん（47）
- 長男Bさん（44）

資産1億円のX氏一家

　4人家族。でも今は夫婦ふたりで静岡市内の郊外に暮らしています。あまり個人情報をお見せすべきではありませんが、この話にお金のことは欠かせないので、少し数字に強弱をつけて紹介します。

X氏の主な資産は以下の通りです。
- マイホーム　4100万円（土地3400万円、建物700万円　※相続税課税価額）
- 預貯金　　　2400万円（うち1200万円は定期預金）
- 生命保険　　1000万円（受取人はYさん）
- 有価証券　　 500万円

一方、妻のYさんは500万円の貯金と地方銀行に1500万円の定期預金を持っています。

　地元のマスメディアで長年勤めたX氏の資産は、不動産が4100万円、金融資産が3900万円、妻のYさんの資産も2000万円。30代でマイホームを建て、2人の子は東京と北海道の大学に進学させましたから働き盛りの40代には生活を相当切り詰めたそうですが、それでも70代の今、妻とふたりで1億円。そのうち金融資産は5900万円あり、「まあ"潤沢"な方だ」とXさん。住宅ローンも60歳定年よりだいぶ早い時期に完済し、今は公的年金が2か月に1度、45万円入ってきます。
　だから「老後は心配ない」とXさんを含め、家族の誰もが思っていました。
　少し暗雲がただよい始めたのは、妻のYさんが70歳を過ぎて**認知症**の症状を示し始めてからです。

家族の絆はあるのに今は"別々家族"
　長女のAさんは学生時代からつきあっていた札幌市内の会社員に嫁ぎ、しばらく専業主婦だったもののフラワービジネスを始めて成功し、今は畑違いながら介護事業もスタートさせました。夫の両親の介護で苦労した経験を活かし、理想の介護を追求、忙しい日々を送っています。
　長男Bさんは東京の大学に進み、そのまま研究者となりました。独身。
　というわけで、母が認知症と聞いても介護についてはお父さんに任せき

り。つまり今は、典型的な"老々介護"となっています。

認知症の発症から３年、Ｙさんは精神的にもＸ氏に頼りきりです。介護度２の現在もデーサービスにはあまり行きたがりません。

Ｘ氏は気力で妻の介護を続けていますが、80歳を目前にして自身も要支援１の状態になり、先行きが少し不安になってきました。

久しぶりに帰省したとき、娘のＡさんが私の元を訪ねてくれたので、先輩一家の現状が思ったよりも厳しいことに気づくことができました。

私は６年前に62歳で新聞社を退職しました。60歳から行政書士の試験勉強を始め、61歳の最終盤でようよう合格。退職した年の８月、行政書士事務所を開いたのです。

当時は駆け出し。右も左もわからず、たまにＸ氏の顔を見たくてお宅を訪ねても、まさか数年後に真剣にＸ家の状況を聞くことになるなど、想像もできませんでした。

資産に比べ「使えるお金」が少ない

娘のＡさんから見ると、介護のキーマンであるＸ氏自身の判断能力も、「以前と様変わりと思えるくらい落ちていて、お父さんのことも心配」と言います。

それで私はＸ氏夫妻の最近の様子を、専門家として真剣に聞くことにしました。

いくつか問題点ははっきりしています。
1. 妻の**認知症**という"時限爆弾"を抱えていること
2. 介護の担い手は老齢のＸ氏ひとりであること
3. しかも夫婦のきずなが強いため、施設を使いにくいこと
4. 資産１億円でも、すぐに使えるお金は案外少ないこと（Ｘ氏の普通預金1200万円、Ｙさんの貯金500万円）
5. そして将来的には、Ｘ氏自身の認知症も危惧すべき状況になってき

ていること

どれも深刻ですが、今すぐ手を打たなければならないこととして、私は「4.」の問題に着目しました。1億円の資産があるのに、**すぐ使えるお金は1700万円**しかありません。他の資産はというと、不動産（4100万円）、定期預貯金（Ｘ氏1200万円、Ｙさん1500万円）、有価証券（500万円）。これらの大きなお金がまったく働いていないのです。Ｘ家に限りません。日本の高齢家庭の多くで、資産の持ち方はＸ家と似たり寄ったりではないでしょうか。大きなお金を大事に抱えていますが、これらは**あなたや妻が認知症になったら、即刻凍結されてしまうんですよ！**

通帳の額面だけを見て安心しているあなたの危機意識は、相当に時代遅れです。資産の持ち方を抜本的に変えないと、ひどい目に遭ってしまいます。

日本人の資産の持ち方見直しは、Ｘ氏一家の将来を考えると本当に急務です。

夫婦の入院・施設費に毎月30〜50万円

先輩夫婦は信頼しあい、気持ちも落ち着いていますが、「このままずっと今まで通り」は難しいと言わざるを得ません。

Ｘ氏の心身の健全性は永久ではありませんし、奥さんの認知症も進みます。すでに"徘徊"が始まっていますから、いずれは入院、または施設入所が必要になりそうです。あとは、その時期をいつまで遅らせられるか、というだけ。

Ｘ先輩の性格から、自分が動ける限りＹさんの介護は続けるでしょう。逆に言えば、"その時"が来ると、夫婦同時に入院・入所となる可能性が高いと思われます。互いの存在に強く依存していますから、2人とも大きなショックを受けそう。

そういう問題と同時に、専門家の私としては、下世話な「お金」の話が気になって仕方ありませんでした。

Yさんが入院となるか入所になるかでも変わってきますが、仮にグループホームに入所した場合、介護保険を使ったとしても毎月の自己負担額は20〜30万円くらいになります。

X氏は介護付き有料老人ホームに入るでしょうから、やはり月額25〜40万円。

さらに両施設とも入居一時金または保証金を求められることが多く、合わせて数百万円の費用を用意しなければなりません。

入居一時金は別にして、2人の入院施設費に、最低でも毎月45〜70万円の自己負担が必要になるわけです。

2年8ヶ月でお金が尽きてしまう?!

資産が1億円もある夫婦なのだから、何とかなるに決まっている――というわけにはいきません。

仮に夫婦ふたりの入院・施設費が月50万円で乗り切れたとしましょう。

総務省「家計調査年報」によれば、健康な夫婦の老後の生活資金の月額平均は約30万円です。ふたりが自宅での暮らしを断念せざるを得なくなると、月の赤字が急増します。

　その試算――

X氏の家計の収入源は2か月に1度の公的年金45万円です。

毎月の赤字は「50万円－(45万円÷2か月)＝27.5万円」となります。夫婦が今すぐ使えるお金は1700万円ですが、入居一時金が800万円だとすると残りは900万円。

何年もつでしょうか？

900万円÷27.5万円＝32.7か月

つまり2年8か月でお金が尽きてしまいます‼

平均余命を考えてみましょう。

X氏 78歳　→　平均余命 10.15 年（88 歳で死亡）
　Yさん 73歳　→　平均余命 18.27 年（91 歳で死亡）

　以上の机上の計算から分かることは、このモデルは途中で破綻することが約束されている、ということです。

認知症で凍結されたら「家」も売れない！

　娘のAさんにこの数字を説明すると、「両親には定期預金もあるし、不動産もあるわけだし……」といいます。
　「お母さんの**認知症**がここまで進んでいるのに、**定期預金を解約できる**と思いますか？」
　さらに「Xさんの判断能力がこれ以上落ちてくると、家を売ることも難しくなりますよ」
　私がこういうと、Aさんは初めて「何が問題か」を悟ったようで、顔色が変わりました。
　家という"資産"は、ふつうの家庭にとっては一番大きな買い物であり、何年もローンを組んで自分の物とし、そして高齢となった今は自分の住みかとしてくらしを守ってくれる拠点です。しかも、いざという時にはこれを売って施設の入居費用にも充てられる、実に貴重な財産。"凍結"という問題さえ考えなければまことに頼りになる財産ですが……。
　契約は意思・判断能力のある者同士で行います。家を売るというのも同じこと。売買契約を売主と買主の間で結びます。もし売主に判断能力がなかったら？ 契約は無効です。すべての約束がご破算。
　世間の高齢化に伴い認知症の患者も増える。その影響がこんなところに現れるのです。預貯金も自宅も現金化できない。これが「凍結」です。認知症になった本人は何も悪いことをしてはいない。預貯金の凍結は、多分に金融機関の保身によるところがあるし、自宅売却がストップするのも「契約無効」を恐れる取引当事者たちの都合です。「ヤバイ取引をするくらいなら、成年後見制度があるのだから、ここはその制度を使おう」という

"安全志向"が、ふつうの家族を不意に、窮地に陥れてしまうのです。
　成年後見制度は金融機関や不動産の取引相手が考えるほど生やさしい制度ではありません。制度に投げる側は何かというと「法令順守」を口にしますが、そのあおりを受けるのは認知症の症状が出てきた本人や、その家族です。

「大きなお金」は動かせるお金に戻せ!

　高齢者は、自分の老後資金について何も手を打ってこなかったということはありません。その証拠に、高齢者が持つ資産は若い世代よりはるかに多い。でも、その持ち方が不用意なんです。私から言わせてもらえば、**わざわざ凍結されやすい財産**にしている。自分のお金や財産だと思ってきたものが、必要な時に役に立たない。こんな事態に今、多くのご家族が遭遇しているのです。どうしたらいいのでしょうか？

　そこで私は「3つの選択肢があります」とAさんに答えました。
① 何もしない
② 成年後見制度の利用を考える
③ 家族信託という新しい財産管理法を活用する

「何もしない」というのは、成年後見も家族信託も使わない、という意味です。
　まったく「何もしない」でX氏一家が苦境を乗り切れる可能性は、ほとんどゼロだと言っていいでしょう。信託や後見といった仕組みや制度を使わないにしても、**何かをしなければ認知症が引き起こす諸問題は乗り切れません。**

　では「何か」とは何か？
　大きなお金を"解放"して、「動かせるお金」にしておくということで

す!
　銀行からすすめられてしたことは、すべて元に戻しましょう。
- 定期預金は解約し普通預金に（カードで入出金する）
- 不要な生命保険は時機を見て解約する。最低限、保険金受取人を換える（配偶者を受取人にすると認知症で受け取れない恐れ）
- 上場株式や投資信託等は解約して現金に戻す

　これらを、X氏に判断能力がある今のうちにやっておかなければなりません。妻のYさん名義の定期預金1500万円も解約したいところですが、Yさんの常況を見れば、もはや難しいでしょう。
　（以上の対策は、危機がすぐそこに迫っているX氏のための応急策です。「大きなお金を動かせるお金に戻す」というのは非常に重要なテーマなので、後の章でも再三出てきます。）

応急対策では老後資金に足りない

　さて、これらをすべて実施したとして、X氏の手残りはいくら増えるでしょうか。
　まずX氏の定期預金1200万円を解約します。有価証券500万円も、しぶしぶながらX氏の手で売却しました。しかし生命保険1000万円の解約は、X氏がどうしても「うん」と言いません。生保の中途解約は「解約返戻金（へんれいきん）」の額によるので、今売ると200万円も損失が出るからです。
　以上の結果、X氏がいま動かせるお金は「1700万円＋1200万円＋500万円＝3400万円」となりました。

　X氏の今後はこう変わります。
　X家の毎月の赤字27.5万円、入居一時金は両施設で800万円。
　（3400万円－800万円）÷27.5万円＝94.5か月→つまり7年10か月

X氏の平均余命に2年以上足りません。足りない分は姉弟が出さざるを得ず、毎月27.5万円の負担はふたりの壮年期の家計に大きな負担になると思われます。

　この時期を乗り切れるかどうかは、施設の選び方にもかかってきます。X氏の経歴にふさわしい介護付き有料老人ホームにしたいと考えれば、入居一時金が1000万円を超えそうで、試算を圧迫します。

　またX氏が長生きすればするほど"破たん"した以降の子の負担が大きくなる、という根本的な矛盾をこのモデルは抱えています。

認知症の影響は「凍結」だけにとどまらない

　ついでながら、「何もしない」場合のもう一つの注意点を書いておきます。

　Yさんの認知症の影響は、**お金**のことだけにとどまりません。

　X氏が遺言を遺さないと、X氏の資産は遺産分割協議で決することになります。分割協議は判断能力のある法定相続人全員の一致で決まりますので、Yさんの認知症が悪化している場合は、Yさんのために成年後見人を付けなければならなくなります。後見はYさんが亡くなるまで続きますから、その間の後見人への報酬負担は数百万円になるでしょう。

　遺産分割協議をしないで済ませるためには、X氏は遺言を書かなければなりません。

　X氏の判断能力は急速に落ちてきていますから、急ぐ必要があります。遺言は自筆でも公正証書でも構いません。問題はそんなことより、X氏に書く気力が残っているかどうか。老々介護で心身ともに疲労の極に近い状態。そういう人に「遺言を」と切り出すのは難しいことですが、何としても書いてもらう必要があります。遺産分割や相続放棄などのために成年後見制度を使う例も毎年、6000件くらいあるという現状です。

　今まで**高齢者**がしてきた"常識"は、もはや非常識であると言っていい

くらいです。金利もゼロに近いのに、なぜ定期預金ですか？ 銀行がすすめてやらせたことなのに、認知症になれば手のひらを返したように「その場合は成年後見人を付けてください」というのは、同じ銀行窓口です。

　ちょっとまとまった金額になると「生命保険を」「投資信託を」と誘うのも銀行。言いなりになって動かせるお金をせっせと"動かせないお金"にしてきたのは、あなたです。人の好い顔もいい加減にしましょう。**銀行が言うのは、100歳認知症時代の今、非常識で危険極まりないミスリードです‼**

　本当にやるべきは、逆。

　何も手を打たない気なら、お金は「**動かせるお金にしておくこと**」。家族の1人でも認知症の人、行方の分からない者がいる、日本に住んでいない――などという事情を抱えている場合は**遺言を書く**、というのもこの時代の常識の1つです。

　せっかく私が熱っぽく語っても、皆さんが聞き流してしまえば**成年後見**に追い込まれるだけ。どうか確実に実行してください。

凍結預貯金を動かせるのは後見人等だけ

　今書いたように、追い込まれたら**後見人等**（症状が重い順に、成年後見人・保佐人・補助人）を頼みにすることしか手立ては残っていません。追い込まれるとは、つまり、**お金のことで行き詰ってしまう**ということです。後ほど詳しくお話ししますが、最高裁判所が毎年出している「成年後見事件」という統計を見ると、「預貯金等の管理・解約」を成年後見の申し立て理由に挙げている人が実に83％！

　数字のあまりの高さに驚くばかりですが、『こんなことは分かり切っていたことなのに！』と、今という時代に生きていて、やるべきことを知らなかったばかりに後見制度を使わざるを得なかった人たちに、同情を禁じ得ません。

私は成年後見制度など使わず、**認知症対策なら家族信託を使うべきだ**、と考えています。でも、以下のような勘違いをしている人がとても多いので、あえて注意しておきます。
　家族信託の契約を家族と結べば、本人に代わって凍結された通帳からお金を引き出せる、などということは絶対にありません。凍結されたお金を動かせるのは後見人等だけです、残念ながら。
　家族信託ができることは、本人（委託者）が子（受託者）に託した財産を、子が本人に代わって管理や処分を行うということだけ。子に財産を託すところまでは、本人が自分でしなければなりません。だからその本人が「認知症ですね」と窓口で言われ、お金を手にすることができないようなら、そもそも家族信託ができません。入り口で「アウト！」ということになります。
　家族信託は、凍結を解除するためのツールではありません！ この点はすごく重要なので、心にしっかりとどめておいてください。

では「成年後見」を使っていいのか

　ちょっと遠回りになってしまいましたね。先に進めましょう。
　上の話でお分かりのように、認知症が「徘徊」という形で人の目にも触れ、ふつうの人との会話がおぼつかなくなっている常況のYさんの財産（定期預金1500万円）を家族信託で何とかしようとしても無理です。逆に、成年後見制度の審判開始を家庭裁判所に申し立ててしかるべき後見人等を付けてもらえば、定期預金の解約は苦もなくできてしまいます。
　選択肢2番目の「成年後見制度の利用を考える」です。

　ただ、**成年後見**をお使いなさいと推奨しているわけではありません。成年後見制度には、特有の問題点が数多くありますから。
　成年後見制度は、凍結を解除するためのツールではありません！
　あえて家族信託と同じフレーズで警告しました。成年後見人は定期預金

を解除できます、金融機関に凍結されたお金を再び使うようにすることができます。しかし、**成年後見はそんなことのために作られた制度ではない**のです！

　成年後見の役割は、意思・判断能力を喪失した本人の財産と生活全般を守るためにあります。"凍結解除"はその中のほんの小さな機能の１つにすぎません。

凍結解除したお金は家族に渡されない

　だから、これもひどく誤解されているのですが、**自由になったお金を成年後見人は家族に渡しません**。後見人は、凍結を解除して得られた現金はもちろんのこと、本人の財産の一切合切、他の現金・預貯金通帳・実印・不動産の権利証（登記識別情報）・株式や有価証券・生命保険証書などなど、すべての財産を持っていきます。後見人はまた、本人の**身上監護をすることも義務**とされていますから、保険証や介護保険証まで──およそ"財産"にかかわる一切のものを手元に置いて、管理や処分を行います。その期間は本人が亡くなるまで。非常に長い期間、後見を継続し、その間、後見を申し立てた家族に「本人の財産をこのように管理、処分しています」などという報告はしないのが普通です。（家庭裁判所には年１回報告しますが）

　ふつうの家庭にとって、親の財産（その家にとって一番大切な財産）を赤の他人が、管理のためと称して全部持っていき、家族には何も告げずに財産管理を続ける、さらには家族なら当然に行ってきた身上監護権まで奪われる可能性がある──ということは、「あってはならない」と叫びたくなるほど、望んでいないことではないでしょうか。

　それがたかだか「定期預金の解約」や「死亡保険金の受取りのため」に申し立てた結果だとすれば、後悔する人も多いはずです。

成年後見の費用、時には1000万円を超えることも

あなたは成年後見制度がこんなに重たい制度だと知っていましたか？

成年後見人は、預貯金を手軽におろしてくれる親切なワンポイントリリーフではないんです。

一方、「家族が後見人になれる」と思って申し立てをした人も多いでしょうね。2000年の後見制度発足当時には確かに後見人になるのは家族が大半でした。ところが、成年後見人になった家族の不正が頻発して（と最高裁判所民事総局は言うのですが）、「これでは家族じゃダメだ。ちゃんとした士業を後見人にしなければ」と方針を大転換してしまいました。その結果、今では家族が後見人になれるのは2割台、4人に1人にまで落ちこんでしまいました。それも家族後見人が就任するのは管理資産が数百万円に満たない場合だけ。資産額が高額になるほど弁護士、次いで司法書士が後見人につきます。

専門職後見人の後見報酬はほぼ、本人が持つ金融資産額に比例しています。月額換算で2万〜6万円の報酬。年間だと24万〜72万円というのが成年後見制度における最低限の費用となります。

80歳の平均余命は10年を超えていますから、生涯の後見コスト（本人や家族からすればまさに「コスト」です！）は数百万円から時には1000万円を超えます。

成年後見制度を申し立てると施設を選べない

Yさんの認知症が進行し「父による介護はもう限界」と判断したAさんが、Yさんについて成年後見制度の申し立てを行うとしたら、その後のXさんたちの暮らしはどのようになるのでしょうか。

X氏が管理していた妻の資産はすべて後見人の手に渡ります。この点については、介護や日常の財産管理が負担になってきているXさんには"助け舟"と感じられるかもしれません。

しかし成年後見人は単なる財産管理人であるだけではありません。ここ

も見過ごされがちなのですが、「身上監護」という特別の任務も後見人には課されています。被後見人は事理弁識能力を欠いていますから「手続き」などは一切できません。ですから福祉関係施設への入所契約や医療契約・病院への入院契約も成年後見人が行うことになります。手続きを行うのは家族ではありません、後見人が"仕事の範囲"の一つとして、これを行います。

　今まで妻の介護に一所懸命だったXさんは、施設選びでも、病院の選択においても関与できません。後見人は財産管理の事務において家族の関与を極端に嫌います。同様に施設への入所に関しても、家族が通いやすい施設を選びたがらない傾向があります。介護施設に本人が入所した場合、その見守りも後見人の仕事とされているので、施設への指図系統が（家族が頻繁に顔を出すことで）二重化することを歓迎しないのです。

　Xさんにとっては、これが最大の痛恨事であることでしょう。

　家族としてはあまり考えたくないことですが、XさんがYさんより先に亡くなると、相続が発生します。X氏の遺言はなかったと仮定します。Yさんにはすでに後見人が付いていますから、後見人は、子2人との遺産分割協議においてYさんを代理して「法定相続分」の分割を要求します。Yさんは配偶者ですからX氏の遺産の2分の1を請求し、その通りに決まるでしょう。Xさんのマイホームも「Yさん持ち分2分の1」となります。

　姉弟は「費用がかさむようになったら（お父さんが亡くなった後なら）実家を売って介護費等に回そう」という気でいても、その実行は事実上、不可能になってしまいます。

家族の思いとズレている成年後見

　「それでは成年後見制度は使えないですね」

　私の説明に心底うんざりした表情のAさんが声を落として言いました。

成年後見制度にはさまざまな問題点がある一方、もちろん利点もあります。
その辺については別稿に譲りますが、この制度が根本的に私たちのようなふつうの家族に囲まれている者の感覚とまったくズレているな、と感じるのは以下の点です。

- 成年後見の**申立てをするのは**、大半が**家族**である（本人は判断能力を失っていますから）。
- ところが成年後見制度の狙いは、**本人の財産を守ること**。それが至上命題で、他の目的はない。（本当は「本人の身上に配慮する」と民法858条は身上配慮義務をうたっているのですが）
- だから家族を守ったり、「家族の幸せと共に本人の幸せがある」という発想はまるきりない、ということ。

つまり「依頼者（申立者）の思い」と「制度の目的」とが全然かみ合っていない。
実に不幸な「思い」のすれ違い、と言うほかありません。

家族信託は、依頼者の思いに応えてくれる

それに対し、「依頼者の思い」と「制度」とがピタリとかみ合っているのが家族信託です。

今度は、Xさんが委託者となりAさんを受託者として「Yさんを救うため」の家族信託を締結した場合のことを考えてみましょう。

一般的に、**家族信託の「依頼者」は主に誰だと思いますか？**

成年後見の場合と同じように、家族のうちの誰かです。後見してもらう人が自ら後見申立てをすることが少ないように、家族信託においても、「家族信託をしたい」と私の事務所を訪ねて来られるのは、高齢の委託者候補ではなく、受託者適齢期の40～60代の人たちです。

受託者は何をしたいのかといえば、認知症が危ぶまれる高齢の親が持っ

第1部　認知症と戦う

❶母が認知症？ 家族信託による対策を考えてみた。父を委託者兼当初の受益者に、娘の私が受託者になる

ている財産を自分が管理して、親の暮らしが今までと同じように成り立つようにすること。一言でいえば、「銀行なんかにお金を凍結されちゃあかなわない」と思っています。だって、そうしなければ自分（たち）の**お金**で親を支えていかなければなりませんから。子は子で生活があります。親がそのための財産を残してくれているのですから、「認知症だからおろせない」と門前払いされて、自腹を切らされてはたまらないのです。

　実はこの思い、成年後見を申し立てた人も同じだったはずです。

　「親のお金を、親のために使えるようにしたかった」だけ〈イラスト❶〉なのに、"家族は財産を狙う仮想敵だ"とばかりに、後見人は親の財産を家族の手から引き離し、家族には管理の実態をカケラも見せずに、家庭裁判所との打ち合わせだけで"後見事務"を続けている。『これが国の関与する成年後見制度の実態か!?』と怒りを通り越し、理不尽を感じている人が大勢います。

家族信託なら「実家売却」もスムーズ

　家族信託は「本人のためだけに財産を使え」とはいいません。今までX氏のお金で家計を回していたなら、Yさんのためにも使えばいい。たまに家族旅行をしたければ、そのようなことにも信託財産を使えます。

　家族信託を縛るのは「信託目的」のみです。目的が「自分及び妻の安定した暮らし」ならば、このお金の使い方は何の問題にもなりません。そしてX氏、Yさんのふたりともが施設に入り、自宅が不要になった時点でこの不動産も売却されることになるでしょう〈イラスト❷〉。

　もちろん信託目的に「居宅の売却」を入れ、居宅不動産を信託財産にしておくのです。これらの財産管理は、委託者（X氏）に代わり受託者のAさんが行います。

　Aさんが「管理者」としてふるまえるのは、信託契約を締結すると同時に不動産の所有権を父から娘に移し、**名義変更**を完了させているからです。

　※ちなみに成年後見の場合は、家庭裁判所から「自宅売却」の許可を

❷両親ともに施設に入居。費用捻出のため、信託財産とした父の居宅を売却

取った上、成年後見人が本人を代表して（「包括的代理人として」と言った方が早そうですね）買い主と契約を結びます。

妻を第 2 受益者にしておけば安心

　実は X 氏が委託者であるこの「家族信託」は、説明用の信託例としては複雑な内容です。「居宅売却」と「認知症の妻を守る」という 2 つの目的を同時にもっている信託だったからです。

　「この人を何とかしたい」の張本人は Y さんでしたね。

　Y さんの定期預金 1500 万円が凍結されたために、介護資金が枯渇しそうになっていました。「何もしない」を選択するつもりで、X 氏の財産をできる限り現金化しました。でも、完全に危機を乗り切るには少し足りません。

　「成年後見」を選択すれば、凍結解除ができるのでお金が足りない問題は一時的には解決します。しかし後見報酬が無視できないコストであるという問題と、「施設選びさえ家族の手で行えない」「居宅売却も家庭裁判所の許可が出るか定かでない」という、この制度の致命的な使いにくさに直面して、最後の選択肢にまで来てしまったのでした。

　では、最後の選択肢である家族信託は Y さんをどうやって救うのでしょうか。

　受託者は Y さんの定期預金 1500 万円については何もできません。でも、ふたりが施設に入居することになったら居宅を売ればいいのです。これで資金問題は解決します。

　また、X 氏が予想外に早く亡くなったとしても大丈夫です。

　契約書にあらかじめ 2 番目の受益者として Y さんを書き込んでおきます。

　すると X 氏が残した財産すべてを、受託者 A さんの管理の下、今度は Y さんのために使うことができるようになります〈イラスト❸〉。

　そして Y さんが亡くなったら家族信託を終了させ、その時点で残って

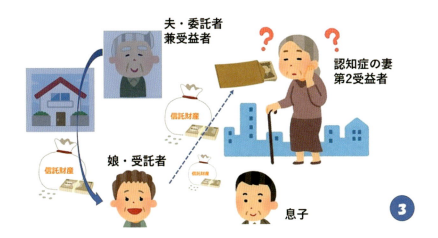

❸父が亡くなっても信託は続きます。受託者は父が遺してくれたお金を、今度は母のために使います

いる財産をAさんとBさんが分け合えばいいのです。
　家族信託を使うと、契約書1つで「相続」までできてしまいます。

追い込まれての成年後見だけは避けたい

　親が認知症になりそうになってきたとき、私たちには3つの選択肢があります。
　1．何もしない
　2．成年後見を利用する
　3．**家族信託契約を家族と結んでおく**
　どれが最適な答えかは、まず本人の常況によりますし（銀行で凍結を解除してくれないなら成年後見を頼むか、自腹を切ってでも何もしないか、の2択しかありません）、ご家族の性格によっても変わってくるでしょう。
　ただ、不用意に、追い込まれるように、成年後見を申し立てることだけは避けてほしいと思います。

第1章で〈X氏一家のケース〉を紹介したのは、認知症が引き起こす**凍結の問題その他**をザックリと見てもらいたかったからです。その上で、成年後見制度に代わる「**認知症対策としての家族信託の概観**」を手短に見てもらうつもりでした。

ですからこのストーリーには、10個ほどのサブテーマを織り込んでいます。

今さらの種明かしですが………
① 「最後はふたりになる」という問題。子がいて、ある時期幸福な一家だんらんがあった家でも、子はやがて家を離れ夫婦だけの生活に。そしてその先、「**最後はひとりになる**」というのが、これからの典型的な家族の形になるということ（その確率は50％強です！）
② ①の当然の帰結として「**老々介護**」が一般的になることを示しました。
③ これまでは話題にもならなかった「**認知症**」の問題がここ10年くらいで表舞台に。
④ かつて認知症が話題になるのは"奇妙なふるまい"だったけれども、今は差し迫ったリスクとして認知症による"資産凍結"が声高に語られ始めていること。
⑤ "凍結"の恐怖を増幅させる、現在の**高齢者の偏った財産の持ち方**。定期預貯金、生命保険、株や投資信託………大きいお金がことごとく認知症で「**動かせないお金**」に。
⑥ マイホームという不動産はいざという時お金に換えられる頼もしい富動産だったのに、認知症になれば**売却不能の負動産**に、という問題の出現。
⑦ 凍結解除の対処法として成年後見制度がようやく注目されてきたけれど、実態を知らぬまま制度に駆け込む人の急増で、「**成年後見の使いづらさ**」も語られ始めていること。

⑧　そのアンチテーゼとしての**家族信託への期待と誤解**。
⑨　正しく使えば家族信託には、認知症対策以外にも**多様な使い道**があること。
⑩　そして最後に、現在の高齢者の**絶望的な情報不足**。「知らなくても大丈夫」という根拠なき楽観が通用するほど今の時代は甘くない、という認識の決定的な欠如。

認知症に楽観は禁物、時間との勝負と心得よう

　最後は辛口に書きましたが、私は⑩番がいちばんの問題だと思っています。

　①番から⑨番までのことは、この本を手に取られた方なら、論理的にストンと腑に落ちるでしょう。しかし⑩番の問題だけは、高齢者の身近にいるあなたが伝えてくれない限り、最もわかってほしい人にいつまでたっても伝わらない、ということになってしまいます。

　認知症の問題は、はじめのうちは「問題」とも感じられないでしょう。床に就くわけではないし、"ふつう"である時間の方がはるかに多いし、すぐ何かが問題になるわけでもありません。しかし、そうやって**時間を空費している間に症状は進み**、ある日「銀行でお金をおろせない」という劇的な変化に見舞われてしまいます。

　本人も困るし、周りの家族も困ります。

　Ｘさん家族も、娘のＡさんが**まだ間に合う時期**に相談に来てくれたので、なんとかＹさんを家族信託という"セーフティーネット（安全網）"に救い上げることができました。

　時間との勝負です。そのことをご本人に伝えられるのは、あなたしかいません。言っても、説明しても、懇願しても、本人はテコでも動こうとしないかもしれません。それも認知症のひとつの特徴です。

　あきらめずに、やさしく、粘り強く説得してください。

第2章
成年後見と家族信託でできる事

家族の役に立つのはどっちだ、
全く異なる2つの制度

　第1章で私はX氏の長女Aさんに「認知症の問題」を指摘しました。認知症になることは本人にとって不幸ですが、周囲を巻き込まないではいられないという病気の性質がいっそうこの問題を複雑、かつ深刻にしています。

　不幸の第一はお金の問題です。そこにあるお金を本人も家族も使えなくなるという、思いがけない事態に家族は戸惑い、救いを求めるように**成年後見制度**について調べ始めます。調べても、実はよくわかりません。あまりに複雑だからです。よくわからないなら、いったん踏みとどまって「わが家で使っていいかどうか」のリスク確認を必ず行ってください。国の制度だから、あるいは裁判所が関与しているから安心、と思い込むと、思惑違いにほぞをかむことになります。

　それは**家族信託**についても同様です。どちらも認知症の問題を解決する"クスリ"になりますが、万能薬ではありません。

　そもそもまったく異なるクスリですから、適用すべき症状や、いつから使うかといったタイミングも違います。処方せんを誤ると、重大な結果を招きます。特に成年後見制度は、使い始めたらやめられないクスリなの

で、わが家で求めている解決策に本当に適合するのかどうか、慎重に見きわめる必要があるのです。

Ⅰ 「できる・できない」を一覧表に

　さて、ここからが第2章のテーマです。
　成年後見制度は複雑でわかりにくい。一方、家族信託はどうかと言えば、これまたまったく新しい発想の法律が基になっており、法律の専門家でも説明しにくいところが多々ある、という難物です。

　だから両者の「解説」から始めようと思いましたが、やめました。
　理屈から入ってもなかなかイメージしてもらいにくいのです。それより、成年後見と家族信託でそれぞれ何ができ、何ができないかを示した方が早いのではないか、と考えました。
　「○△×の一覧表」を作りました（**30ページに掲載**）。この表に「家族欄」も加え、家族信託の受託者兼家族なら何ができるかを「家族の力」として、赤い文字で表示しました。つまり成年後見人ができることと、受託者になった家族ができることを表にしたのです。
　まず各項目になぜ「○△×」が付いたのかを説明します。
　成年後見と家族信託の「原理」については、第2部第4章で詳しく解説しようと思います。

信託の受託者に"凍結"解除を期待するのは筋違い
　では「成年後見」申立ての入り口になる最大の要因である［5 預貯金口座の開設や解約、取引］から見ていきましょう。
　いきなり、私がこの章で最も重要だと思っていることを言います。
　家族信託の受託者は、凍結された預金口座の解約なんてできません！

	本人の判断能力が衰えたときに、後見人や信託受託者ができること	成年後見	家族信託	家族	家族の力
1	本人が住んでいる家の売却及び購入	△	◎	×	◎
2	不動産の売却、補修、賃貸、その他処分	○	○	×	○
3	収益不動産の購入や新規建設や建替え	×	○	×	○
4	本人の不動産を担保とした借り入れ	×	○	×	○
5	預貯金口座の開設や解約、取引	○	×	△	△
6	上場株式や投資信託の口座停止・凍結	○	○	△	○
7	上場株式や投資信託の運用継続	×	◎	×	○
8	保険契約の締結・変更・解除	○	×	×	×
9	死亡保険金や満期保険金等の受取	○	×	△	△
10	年金等定期収入の受取とこれに関する諸続き	○	×	△	○
11	遺産分割協議や相続の承認・放棄	○	×	×	×
12	遺留分減殺請求をすること	○	×	×	×
13	遺留分減殺請求に対する対策	×	○	×	○
14	本人死亡後の財産承継先や承継法の指定	×	◎	×	◎
15	生前贈与やお金を貸すこと	×	△	×	△
16	経営や事業・プロジェクトに伴う契約行為	×	◎	×	◎
17	自社株式の議決権の行使	△	◎	×	◎
18	事業や会社の後継者指名	×	◎	×	◎
19	後継者を見守り育成すること	×	◎	△	◎
20	本人がした契約行為の取り消し	◎	×	×	×
21	大事な書類(実印・印鑑カード・通帳・登記権利証等)の保管	○	△	○	○
22	介護契約や要介護認定の申請	○	×	○	○
23	介護すること（本人の食事・排泄・入浴・着替え等の介助）	—	—	◎	◎
24	福祉関係施設への入退所や病院との入退院に関する契約	○	—	○	○
25	福祉施設等の処遇に対する監視・監督	△	—	◎	◎
26	病院等への付き添い	—	—	◎	◎
27	手術や延命措置等医療行為への同意	—	—	△	△
28	病院・施設等への入所時の身元引受け・身元保証	—	—	◎	◎
29	訴訟の提起や和解	◎	×	×	×
30	本人が死亡した後の諸手続きや葬儀、埋葬、供養など	×	◎	◎	◎

銀行に行って家族信託の契約書を窓口の行員に見せて、「私は〇〇〇〇さんと家族信託の契約を結び受託者になりました。だから〇〇〇〇さんの預金通帳をここに持ってきましたが、この通帳の〇〇〇〇さん名義を私の名義である△△△△に換えてください」と言ってもけげんな顔をされるだけです。行員が家族信託を知らないからではなく、信託受託者にそんな権限はないからです。

　家族信託の受託者が、委託者兼受益者である〇〇〇〇さんの金融資産を処分できる（通帳から引き出したり振込、入金などを行うこと）のは、先に〇〇〇〇さんから一定の金銭を「信託財産」として預かり、受託者名義の通帳にその金銭を入れて管理しているからです。自分の名義にしているから、金銭の出し入れが自由になるだけです。

　ではその金銭は、誰がいつのタイミングで受託者の通帳に入れるのでしょう。

　基本的には委託者です。委託者が信託契約締結と同時に、自分の通帳からお金をおろし受託者名義の口座に入金するか、あるいはキャッシュカードで振込をします。ですから委託者はその時点で、契約ができるほどの判断力がある、というのが前提になります。

　「銀行に預金を凍結されちゃったから、受託者が助けてあげて」というわけには参りません。

　最近の銀行はことのほか高齢者の現金引き出しにナーバスです。認知症だとみるや、すぐに"凍結"にと走ります。それが正しいこと、お客さまの安全を守ることと信じているのです。

　そして「いったん凍結した通帳から預金を引き出せるのは成年後見人だけだ」と思い込んでいます。というより、そういう申し合わせが行内、店内にできあがっています。

　本人や家族にしてみれば、まことに迷惑千万。大きなお世話の"過剰正義"に映るはずですが、銀行は姿勢を曲げません。

　ですから残念ながら、凍結された預金口座の解約ができるのは公的な後

見人だけです。銀行によっては、財産管理の委任契約を結んでいる受任者も、公正証書で契約している任意後見人の解約要請も、断ることがあるほどです。なんのための委任契約なのでしょう。成年後見人偏重の度が過ぎています。非常に負担の重いこの制度を、銀行は「(銀行にとって)いちばん安全」と思って重視し始めていることを、一般の"お客さま"はまったく気づいていません。

　きわめて憂慮すべき事態が、静かに、しかし確実に進行しています。

　さて、[5]について私は、成年後見人「○」、受託者「×」、家族「△」としました。わずか半年前に下した判断ですが、今は《家族については、ちょっと甘かったかなぁ》と思い始めています。「定期預金の解約ができるかどうか」を規準に考えてみると、よほどの説得上手でも「今は無理かなぁ」と思えるのです。では普通預金口座からの出金は？　というと、事と次第で、銀行によっては引出しや振込に応じてくれる銀行も少しは残っているかもしれない、と思います。

　例えば、けっこう困ってしまうのが介護施設に家族が入所したときの振込です。施設から指名された銀行に本人の口座がない場合、家族が振込（定期送金）の入り口として口座開設を申し入れるわけですが、このハードルが高い。基本「本人の意思確認」が出てきます。認知症、あるいは重篤な病気で応答できない……などの場合、ここが突破できないと、家族が費用を負担するしかなくなります。しかしこの場合、使途は明確です。施設からの振込依頼がある、他行ながら本人の通帳もある、家族（本人の推定相続人）全員の「応諾書」もある。

　この場合に、銀行が口座を新規開設し、そこから施設に振替を行うことは、決して正義に反しない。そう思いませんか？　そのような理屈で、私はわが家の問題を解決したことがあります。2年前の話です。今でもこの"切なる願い"を聴き届けてくれる金融機関はあると信じていますが……、どうでしょうか。「自信がある」とは言えないながら、人情に期待

を込めて、家族は「△」としておきます。

成年後見人には別の問題が……

　家族信託の受託者には預貯金凍結を解除させる権限はない、とわかって、「なんだ、期待外れもいいところ」と思った人もおられるでしょう。
　「さにあらず」です！
　成年後見人は預貯金を確かに動かしてはくれます。死に金が生き返ります。でも、その副作用を考えると、凍結された通帳を解除するためにこの制度を使っていいかどうかは、難しい選択になるはずです。
　銀行からおろしたお金を、後見人は家族に渡してくれるわけではないことは18ページに書きました。そのお金を含め、全部の財産を本人が亡くなるまで適切に管理して本人の財産を守り切る、というのが成年後見人の役目です。その点を誤解して、**預金を引き出してくれる"ワンポイントリリーフ"のように思う人が多いですが、違います**。成年後見を申し立てる多くの人が、勘違いしたままこの制度を使い始めるので、大きな問題になっているのです。
　「凍結されたお金を動かしたい」だけの発想で成年後見を使ってはいけません。「そのお金を家族である自分が管理して、本人の安心・安全と福祉を実現したい」と思っている人が大半だと思いますが、後見人に預金引き出しをゆだねれば、その願いはかなわなくなることを理解してください。成年後見制度を使うということは、本人の財産管理については恒久的に後見人にお任せする、ということです。そのことがわかった上で、後見申立てをするか、しないかを決めましょう。

認知症高齢者の資産、2030年に215兆円

　凍結されたお金は、公的後見人しか何とかできないのでしょうか？
　「本人が認知症＝出金ストップ」という対応をする銀行は少なくありません。しかしこの対応、次のような試算を目にすると《ちょっと違うよ

な》と、私は感じます。

　試算というのは第一生命経済研究所が2018年に発表したものです。

　日本の金融資産の高齢化はすでに進んでいます。2014年の時点で金融資産の65％を60歳以上の人が保有。厚労省の「高齢社会白書」は、2030年には認知症高齢者が830万人に達すると推計しています。どんどん認知症高齢者は増えていくわけですが、問題はこれらの人々が持つ金融資産の額です。2017年に143兆円だったものが、2030年には215兆円にまで膨らむ。つまり**215兆円もが動かせないお金になる**──という試算です。

　日本の国家予算は一般会計約100兆円。実にその2倍強が凍結されて金融市場に回らない。お金は血液によくたとえられますが、日本の家計金融資産の10％強が資産凍結という動脈硬化のおかげで滞ってしまうというお話です。「認知症なら即引き出しアウト」という銀行の対応は極めて短絡的、まわり回って自分の首を絞めているようなものです。

銀行の都合でお客様は大きな犠牲を強いられる

　それに実際の話、認知症の症状は多様（この点に関しては74ページ以降で詳しく書いています）であって、「認知症＝即凍結」という判断は銀行の過剰反応、というより"暴走"でしょう！

　例えばあなたが病院で、「認知症」と診断されたとします。でもそのときあなたは、いわゆる事理弁識能力を著しく欠き、自分が誰かも分からないような状態なのでしょうか？（確率的にはいきなりそんな状態になる可能性はかなり低い）その時、病院に付き添ってきたお子さんが「今後の治療や療養費のために定期預金は解約しておこうよ」と話しかけたら、あなたは「そうだね」と返しませんか？返したとすれば、あなたには意思（能力）があります。

　こんなことを書くわけは、認知症に対する対応は銀行によって異なるからです。少数ではありますが、こんな金融機関もあります。

静岡市の信用金庫です。高齢者やその家族から「定期預金を解約したい」との申し入れを受けるとその信金は、「本人の意思」を確認するために担当者が役席者を連れて本人の自宅を訪ね、「この預金をあなたは解約したいですか？」と尋ねます。本人がうなずけば「これが本人の意思」と認め、解約に応じます。

こちらの職員は毎月私の事務所を訪ねてきます。ある日「定期預金」を頼まれました。「君らはいつも高齢者をそうやって誘うのだろうが、お客さまが認知症になれば動かせないお金になっちまうぜ。高齢社会に逆行してないかい？」

私の言葉に職員さんは頭をかきながら、「そうなんです。だから私は……」と言って先の対応を話してくれたのです。「こちらの支店に移ってから1年半ですが、8件くらいこういう対応をさせてもらいました」。なるほど。この銀行は地域の銀行らしい役割を果たしているな、と感じました。これからの時代は、銀行も選ぶ必要があるみたいですね。

「家族がうるさいから"凍結"」だなんて

認知症と聞いただけで短絡的に口座を凍結、「解約したければ成年後見の申し立てを」という銀行もあれば、わざわざ意思確認のために本人に会いに行く銀行もある。どうしてこんなに対応に差が出てくるのでしょう。大手都銀の支店長はかつて私の取材に次のように答えました。

「家族がうるさいんですよ。こちらからは家族に紛争があるかどうかなんてわかりません。でも、銀行が善意に判断して定期預金を解約した時に、後から他の家族の方が『認知症なのになぜ引き出しに応じた？』と怒って当行を訴えれば、善良な管理者の注意義務違反に問われて賠償金請求をされる恐れがあります。そんな"とばっちり"を避けるために、せっかく公的後見制度があるのだから、お客さん自身のご判断で成年後見を申し立てていただくようにしております」

支店長レベルではこういう"刷り込み"があっても不思議ではありませ

ん。「お客さまファースト」からはほど遠い姿勢。銀行は守れても、お客さまに多大な負担をかけてしまう。しかしそのことについては、行内議論がほとんどされていない。この銀行は庶民の悩みを想像する力が欠けているから、この問題に"心が痛む"という感情がわいてこないのでしょう。

金融庁は「凍結しろ」と言っていない!!

　ちなみに、銀行を監督する金融庁は、銀行のこのような対応をどう考えているのでしょう。まさか、「おお、法令順守の良い銀行だ」などとこの姿勢を推奨していないでしょうね。

　これも取材しました。「認知症のお客さまに対して、これこれこのような対応をしなさい、というような指示や通達のたぐい、出していませんか?」という質問に、「一切出していません」と銀行担当の課長は即答しました。

　そうですよね、「認知症と聞いたら即凍結」では先ほど示した第一生命経済研究所の高齢者の凍結資産214兆円という"金融の動脈硬化"を金融庁自らが後押しするようなものですから。家族はあきらめずに本人の意思を銀行に伝え、疑念があるなら「家に来て、本人の意思を確認してください」と言うべきです。

　ただし、銀行に「本人が認知症」という予見を与えることは得策ではありません。多くの銀行は「認知症」と聞いた途端、凍ります（表情の凍結）。こういう銀行には、認知症の「に」の字も言ってはなりません。考えてみれば、病気のことは究極の個人情報ですよ。ご近所の話題に、認知症のことが平気で語られますが、もっと用心すべきです。銀行では、脇を締め甘い顔を見せずに、「意思能力はある」の1点で攻め、こちらの土俵に導きましょう。

本人に意思能力があれば銀行とも戦える

　この辺は次章で書こうと思っていたことですが、つい先走りました。

ひとたび認知症の問題を抱えた家族は、いろいろな意味で戦わなければならなくなります。対銀行もそのひとつ。金融機関はどこも手ごわいです。知識があり頭の回転が速く、規律があります。上からの指示は絶対で、それに逆らうことはまずありません。こういう人たちを相手にするのは"説得の技術"があっても、かなり骨が折れます。

　しかし、本人に意思能力があるなら、百の〈理屈も跳ね返せます。所有権は絶対的な権利ですから、本人に意思能力が残存していれば、その意思に従うことが金融機関の義務となります。繰り返して言います。「本人に意思能力が残存していれば」です。誰が見ても「これは無理」というしか言いようのない常況なら、戦っても無駄です。ですから家族は、そこを見極めてください。

　間に合う可能性がありそうなら、時機を逃さず行動してください。そうすれば「5. 預貯金口座の開設や解約、取引」について、家族は「×」ではなく、少なくとも「△」になります。銀行に預けたお金を凍結から救えるか否かは、今後の高齢者の生活の質においても天と地ほどの差がつく重大事です。

不動産処分は家族信託の得意技

　[1.～4.]は不動産絡みの項目。
　こちらは家族信託の得意分野です。
　居宅の売却は成年後見の場合、家庭裁判所の許可が必要になります。居宅以外にも金融資産等がある場合は許可が出にくいので、実際に売りに出せるかどうかをあらかじめ計画することができません。また「居宅売却」が後見申し立て理由になっている場合、家族が後見人になれる可能性は低くなります。専門職後見人がつくと売却についての話し合いを家族と持つかどうかも定かではないので、いっそうこの制度の選択がしにくくなると思われます。

　任意後見契約なら任意後見人を自由に選べますから、当然、家族の１

人が就任することは可能です。しかし任意後見監督人は弁護士か司法書士が選任され、その背後には家庭裁判所が控えていますから、家庭の事情で勝手に売却に動くということはできにくいでしょう。

　家族信託の場合は、信託目的に「本人（委託者）の居宅売却」を入れておけば、受託者が適宜のタイミングで、家庭裁判所等の制約を受けることなく売却に動くことができます。

　なぜ「不動産」は家族信託の得意分野といえるのか、それは次の理由によります。

　金融資産と異なり、不動産には「**登記**」という仕組みがあります。ですから、不動産を信託財産にするときには、信託契約の直後に、「委託者（X）→受託者（A）への所有権移転の登記」を行います。それと同時に「信託の登記」も行うので（契約書の要約版を登記簿に載せる）、XからAに所有権が移っていることが誰の目にも明らかになります。このように、財産の管理権が自分にあることを公示できることは、受託者にとっては大きな助けです。

　現金には印が付けられませんし、信託財産を現金化して通帳に入れても（例えばA名義の通帳に入れる）第三者から見てA個人の通帳か、信託としてAが預かった金銭のための通帳なのか、はっきりしません。さればと言って、X名義の通帳のまま管理すれば、銀行とその都度もめかねません。

　その点、「**不動産**」は登記があるので**明解**です。所有権は受託者Aに完全に移っており、しかもその財産の移転が信託によることが明示されていますから、Aは誰はばかることなく管理や処分を自分の名ですることができます。

不動産処分、成年後見人のできることは限定的

　不動産を信託していないとどうなるかは、第1章「X氏のケース」でご紹介した通りです（12ページ）。所有者が認知症になると、契約行為には

待ったがかかり、登記の専門家である司法書士が「本人の意思確認」を厳重に行いますので、登記事務を断られる可能性が高くなります。

　家族信託の契約は、そのリスクをゼロにします。本人（X）の常況いかんにかかわらず、受託者（A）の判断で処分を行えますから、「私が認知症になったら自宅を売って、施設の入居費用にあててほしい」というXの思いは実現することでしょう。

　一方、成年後見と不動産の関係です。
　居宅売却については、家庭裁判所の介入があることをお知らせしました。
　それ以外の、例えば収益不動産などについては自由に処分できると思っている人がいますが、それは半分しか当たっていません。アパート・マンションなどの収益物件の処分は、家庭裁判所の許可がなくても成年後見人はすることができます。ただしできるのは、賃貸契約の更新や簡単なメンテナンス工事など。銀行から融資を受けて建物を新築するなどの前向きな事業は行えません。

してほしくないことまでする成年後見人

　『その程度のことしかできないのか』とがっかりするより、《成年後見人は、こちらがしてほしくないことまでする可能性がある》ことを知っておく方が重要です。
　成年後見人の不動産処分の中には、当然、不動産の売却も含みます。この売却がくせ者で、さまざまな問題が起きています。
　例えば、収益不動産が思ったほどの利益を稼ぎ出さないとき、オーナーなら補修などをして空き部屋解消に乗り出すと思いますが、後見人はそのまま不動産そのものを売却してしまう可能性があります。後見は一種の"緊急避難"です。だから後見人は「経営」を行わないし、目先の損失が出ないように動きがちです。将来の経営リスクを排除するために「収益不

動産を今のうちに売って金に換えよう」と考えても不思議ではありません。売却が成立すれば被後見人本人の金融資産は増えるわけですから、後見人はこの処分行為につき報酬をもらえます。これが動機になるとは言いませんが、いきなりの不動産売却は、経営に自信のある親族から見れば、「あり得ない暴挙」に映るでしょう。

　遺言でもらうことになっていた不動産を後見人に売られてしまった、という相談を受けたことがあります。相続することになっていた家族からすれば怒り心頭。しかし後見人は「遺言された財産はまったく動かせない、となると仕事が制約されてしまう」と主張し、家庭裁判所もこれを追認したので、打つ手なしの結果となってしまいました。

　「1. **本人が住んでいる家の売却及び購入**」は成年後見では制約付きで行えるので「△」、家族信託では自由に行えますから「◎」。「2. **不動産の売却、補修、賃貸、その他処分**」は成年後見でも家族信託でも「○」ですが、この場合も、家族信託の方がより柔軟です。「3. **収益不動産の購入や新規建設や建替え**」は、成年後見「×」、家族信託「○」。「4. **本人の不動産を担保とした借り入れ**」については成年後見「×」、家族信託は「○」です。成年後見では、本人の財産がマイナスとなる「贈与」や「借入」は行いません。**成年後見人は社長やオーナーの"分身"のようには動けない**、ということです。

　なお不動産の処分について、「家族としてできること」は何もありません。

老親の株取引をやめさせたい、が通らない!?

　[6. ～ 10.] は株などの有価証券・生命保険・年金です。
　家族信託の受託者にとって、ここは"弱点"でした。成年後見人は本人の包括代理人として手続きを行いますが、家族信託の受託者にとっては、事前に名義変更ができないこれらの事務は、"任務外"の仕事ということ

になります。

したがって「8.保険契約の締結・変更・解除」「9.死亡保険金や満期保険金等の受取」「10.年金等定期収入の受取とこれに関する諸手続き」は、受託者にはできません。

しかし「家族」としてするなら話は別です。「8.」は本人専属のことですから、できませんが、「9.」は1000万円以下の死亡保険金の受取なら（生保各社により対応は若干異なりますが）可能です（ただし死亡保険金は本人の通帳に振込まれる）。「10.」年金等の手続きは、家族なら行えますから受取も可能です。

「家族の力」としては「8.」は「×」、「9.」は「△」、「10.」は「○」となります。

上場株式や投資信託などの有価証券については、「借名口座の横行」という社会問題を背景に、証券業界は「代理」そのものに神経をとがらしています。そうした事情から実は、成年後見も苦戦しているというのが実態でした。

まず［6.上場株式や投資信託の口座停止・凍結］について見てみましょう。銀行の預金口座の凍結の場合は、「解除してほしい」というのが本人や家族の願いでしたが、証券口座の場合は逆です。家族は、老親がいつまでも株式を動かしているのが不安でたまらないのです。だから「証券口座を停止するか、親がする個々の投資行為はやめさせてほしい」。もっと言うなら「歳とって判断力が落ちている親に、株や投資信託をいつまでもすすめるのはやめてくれ」です。この交渉も、家族がやるとてこずります。

成年後見人なら、もちろん止めることはできます（「○」）。ただ、取引を止めさせるためだけに成年後見を、というのには納得しない人も多いでしょう。一方、家族信託の受託者ならどうでしょうか。これまでは口出しができず「×」でした。口座は委託者の名義ですから、権限がありません。

家族はどうでしょう。証券会社との交渉次第なので「△」ですが、成功率はあまり高くないようです。銀行との取引と同様、本人の意思能力減退を理由に証券会社は、家族の「取引中止要請」に真摯に耳を傾けず、成年後見を持ち出してきます。運用規模が数千万円、1億円を上回ることもしばしばですから、証券会社としては口座を引き上げられることは痛手。だからハードルを高くするわけです。

誘っておいて、止める時には「後見人を」ですか？

以下、私見を述べます。

証券会社のこうした対応は不正義です。感情で言っているのではないですよ。取引停止・口座解約には「成年後見」を持ち出し、その同じ口で昨日まで高齢の親に熱心に証券投資をすすめていたのは誰なのか。**成年後見人を付けなければならないほど判断力が落ちている老人に、証券会社は商品を売り込んできた**ということです。この会社のコンプライアンスはどうなっているのでしょう！

銀行の時と同様、金融庁に取材し「このような対応を金融庁は証券会社に指導しているのか？」とただしました。すると証券担当課長は「そんなことはありません」と否定した上で、「社名と支店名を教えてもらえませんか？」と逆質問してきました。金融庁が個々の事案に対応措置をとるとは思いませんが、お客さまの立場で訴えていけば、少なくとも監督官庁のメモにこの会社の名は残るのだな、と少し救われた気持ちになりました。

ですから私は、家族が取引中止を申し入れれば交渉の余地はある、と思っています。

証券大手の英断、受託者が運用できる証券口座を開設！

証券口座について「受託者は権限外」と書きましたが、上場株式や投資信託などの有価証券も"プラスの財産"ですから、信託財産に組み込むことはできます。しかし本稿を書き始めた当時、私は証券会社の姿勢から

いって「家族信託でこの問題を解決するのは無理」と、ほとんどあきらめていました。

　ところが最近、状況が劇的に変わりました。証券最大手の野村證券が「家族信託口座」を開設したのです！　それより少し前、大阪のエース証券が「家族信託口座を始めたらしいよ」という情報を得ていました。どちらも本当でした。

　2018年10月、両社を訪問して担当者と面談し、詳しい内容を知ることができました。

　ここでは簡潔に、私の結論だけを書きます。どちらの家族信託口座も"本物"でした。私の想像では、受託者が証券等の運用をできるようにするための簡便な信託契約書を作るのだと思っていましたが、もっと本格的な契約書――例えば、居宅売却信託とも併用できるようなものでした。

　これで、"高齢の投資家"家族の悩みである「親の株好きをやめさせられない」問題が一挙に解決する、と断言できます。

　それまで［7. 上場株式や投資信託の運用継続］は、成年後見人でも無理「×」。信託受託者も「×」、家族も「×」でなすすべがなかったのですが、勇気ある先行証券会社の英断により、家族信託を使えば「◎」と言えるようになりました。

　このテーマは、第5章「信託の2大障壁、解消」第Ⅲ節「「株や投資信託はもうやめて！」を実現」（130ページから）で再度詳しく取りあげます。

相続放棄には後見人が欠かせない

　「11.〜15.」は相続周辺のお話です。

　「11. 遺産分割協議や相続の承認・放棄」「12. 遺留分減殺請求をすること」は後見人のみ「○」。受託者、家族とも本人の代わりになることはできず「×」。

　第1章でも少し触れましたが、法定相続人に事理弁識能力を欠く人が

いると相続は大混乱してしまいます。11.12. に列挙されている行為をすることができるのは、本人でないとすれば、法律が認めた代理人だけ。つまり成年後見人・保佐人でなければすることができません（被補助人は遺産分割協議ができるとされています）。借金など巨額のマイナスの財産を遺された場合には、負債を免れる方法は相続放棄の他にありませんから、苦渋の選択をせざるを得ません。

「13. 遺留分減殺請求に対する対策」、成年後見人は余計な対策はしませんから「×」。成年後見は本人の財産を守るためにいるのであって、家族の相続対策をしてあげる義理はありません。本人が減殺請求され、その請求が法的に正当なら、後見人は粛々と支払うでしょう。

一方、家族信託契約の信託目的に「遺留分対策をする」との文言があれば、受託者は対策を講じられますから「○」。家族としては何もできず「×」です。

遺言より強力、家族信託の承継機能

「14. 本人死亡後の財産承継先や承継法の指定」について、後見人はもとより本人に代わって財産の承継先など決めません。後見は本人の死亡によって終了しますから、死後の事務は執り行わず、どのように財産が分けられるかについて後見人は関与しません。逆に、成年後見人が付されていたために、生前の本人の意思（事理弁識能力を完全喪失する以前の意思＝例えば「遺言」）が曲げられ、遺産分割が混乱するケースはあり得ます。本人が大切にしていた財産でも、後見人は一存で処分することができますから、あるはずの財産が消滅していることはあるわけです（このケースは「2. 不動産処分」で例示しました）。

14. について、家族信託は「◎」です。受託者が承継先を決めることはもちろんありませんが、家族信託契約を結ぶときは通常、委託者の意向に沿って残余財産の承継先を決めておきます。この承継先決定は遺言よりも堅固です。信託委託者の気が変わり、後から遺言を書いて「信託財産」の

分け方を指定しても、遺言の方が無効となります。

　ちょっと極端な脱線をしますが、例えば"後妻業の女"が委託者に遺言を書かせて財産を横取りしようとしても、信託内の財産については何もすることができません。

家族信託で「生前贈与」はすすめない

　「15. 生前贈与やお金を貸すこと」について、人に贈与したりお金を貸せば本人の財産は減りますから、法定後見人にこれはできません（「×」）。一方、家族信託の受託者は「贈与」を『信託目的』に書きこんでおけば苦もなくできそうですが、私はお勧めしないので「△」としました。

　委託者が親、受託者が子、贈与によって受益を得る人が孫だとすると、外見的には「受託者がその子のために、親世代の財産をどんどん移転させている」ようにも見えます。つまり委託者の財産は減り、受託者の財産は（子を通してですから「間接的」にですが）増えていく、つまり利益相反が疑われます。

　「委託者＝親、受託者＝子」というごく一般的な家族信託は、もともと利益相反になりがちの構造を持っています。信託は「委託者の当初の意思や思い」を長年にわたって固定するという機能があります。祖父が孫のために、自分が認知症になった以降でも生前贈与を継続したい、と思うことはあるでしょう。ですから「家族信託による生前贈与の継続は OK だよ」と考える専門家も、かなりいます。

　しかしこれを許すと、税務署が言うところの「贈与者の意思と受贈者の意思が合致してはじめて成立する」という「贈与」の決まりが、なし崩しになる恐れがあります。さらに認知症で判断能力を失った委託者の財産は、誰かが止めなければ、悪意の受託者によって次々と身内に移転されていく、ということにもなりかねません。

　家族信託には「信託目的を書くことにより委託者の意思を凍結する機能がある」ことは確かです。だからこそ委託者が認知症になった以降でも、

受託者の手で処分することが認められているわけですが、**贈与の場合は、「もうひとつ税務署というハードルがある」**と考えた方が無難です。本人は意思能力を喪失しているが信託目的には「贈与を続ける」としっかり書いてある——この場合に、「贈与の成立」を認めるかどうかを決めるのは税務当局です。私は、否認する可能性が十分にあると思っています。贈与できるつもりで信託契約を書いて、結局税務署に否定されたのではショックが大きすぎますので、家族信託での生前贈与について、私の評価は「△」、しない方がいい、と思っています。

　一方家族が、認知症で自分が何をしているのかが分からない親に生前贈与させることは、もちろん「×」です。

会社や事業に関すること、成年後見人は判断しない

　「16. 経営や事業・プロジェクトに伴う契約行為」
　「17. 自社株式の議決権の行使」
　「18. 事業や会社の後継者指名」
　「19. 後継者を見守り育成すること」

　中小・零細企業にとっては死活にかかわる事柄です。一見、成年後見人なら全部OKのような感じがしますが、それは過大評価です。

　成年後見人という存在は、＜本人が、自分が誰かさえわからない状態になり法律行為が一切できなくなった、それでは社会生活が送れない。これはもう法律でもって「本人の意思決定に代わる者」を作るしかない＞ということで法が編み出した代理人です。だから民法は、成年後見人の代理権限の範囲を「**財産管理**」と「**身上監護**」に限定しました。

　そういう代理人が、会社の社長のみが行えるような重大な決定を、ホイホイと行えるわけがありません。そんなことをされたら、家庭裁判所は責任を負いきれず、戦々恐々となるでしょう。

　ですから「16.〜19.」までオール「×」と言いたいところですが、「自社株式の議決権は行える」という説も有力ですので「17.」は「△」とし

ました。
　家族信託は逆にここは、得意中の得意なのですべて「◎」となります。（詳細は「第6章第Ⅴ節　事業継承に使える自社株信託」で）
　家族としての権限はもちろんありませんから、全部「×」です。

強い権限も特殊詐欺には無力

　「20. 本人がした契約行為の取り消し」は、やや特殊です。これができるのは、公的後見人の中でも成年後見人だけです。通常、成人が法律行為を行えば、後から取り消しできないのが原則。それが成年後見人だけできるのは、「成年被後見人の法律行為は、取り消すことができる。」と民法第9条に書かれているからです。
　訪問販売や悪質通販によく引っかかる高齢者にとっては、強い味方になり得ます。しかし被害金が必ずしも戻るわけではありません。オレオレ詐欺のような特殊詐欺については、いくら内容証明郵便を出したくても正体さえつかめず、無力ですから。
　家族信託の受託者、家族にはもちろん取消権はありません。

後見開始すると、家族は「身上監護権」を失う!?

　「21. 大事な書類（実印・印鑑カード・通帳・登記関連書類）の保管」
　成年後見人は財産だけではなく、実印やマイナンバーカード、上記の書類、それに保険証や介護保険証なども持っていきます。これら重要な書類を、家族ではなく、成年後見人が管理するからです。
　「21.」は、実に大きな問題を含んでいます！
　後見開始となると、家族は本人の身上監護権を失うかもしれない、という問題です!!
　「身上監護権」とは、本人の介護契約や施設入所・入院、医療契約、介護認定への不服申し立てなど、本人の身の上にかかわる法律行為を、本人に代わって行うことです。民法が改正され成年後見制度がスタートする以

前は、本人が不自由を感じるようになれば、家族の誰かが当然のように本人の代わりに手続きをしてきました。

　ところが、あなたがお母さんの定期預金を解約したくて成年後見の審判申し立てをすると、あなたは、お母さんに対する身上監護権まで失ってしまう可能性があります。

　民法は、①財産管理と②身上監護をワンセットにして成年後見人の義務としています。

　すると「あなた」の例では——お母さんの定期預金を解約したお金は成年後見人が預かり、その他一切の財産と、身上監護と直結している介護保険証や後期高齢者保険証なども持っていってしまう可能性があります。この話、18ページのX氏のエピソードとしてこう書きました。

　「——後見人はまた、本人の**身上監護**をすることも**義務**とされていますから、保険証や介護保険証まで——およそ"財産"にかかわる一切のものを手元に置いて、管理や処分を行います」

　我ながらピンボケでした。「財産を全部持っていかれる」ことばかりに気を取られ、**公的後見という選択**をすると、**財産管理権**だけでなく、**家族の身上監護権**まで**奪われる可能性がある**、という肝心の問題が十分に伝わらない書き方をしていたのです。受託者候補のAさんには「（成年後見制度を頼ると）お母さんとお父さんが一緒に入れる施設を見つけてあげようと考えたとしても、成年後見人は後見人の考えで施設を決めるだろうから、あなたの希望は通らないかもしれない」と話していたにもかかわらずです。

複数の専門職後見人となることさえある

　この点をもう少し詳しく解説しましょう。被後見人のために行う「財産管理」と「身上監護」は、本人を守るため欠くべからざる任務です。しかしこの任務には「共通性」がまるでありません。別々の仕事。なので、後見人を複数にして財産管理と身上監護を別の後見人に担わせるということ

も、実際には行われています。「権限分掌」と言います。

　ですからX氏のケースで、財産管理は専門職後見人（弁護士や司法書士など）に、身上監護は家族後見人に、と複数後見人とする選択は十分にあり得ます。ただ、それを決定するのは家庭裁判所です。

　本人・家族からよくヒヤリングして審判するわけですが、X家の場合、Aさんも弟のBさんも遠方にいて、介護は父親に任せきりでした。娘のAさんは「もちろん私が財産管理も身上のことをやる」と言っていましたが、両方が認められることは99％ありそうもないし、身上監護についても「北海道にいるあなたが本当にできるんですか？」と、認められない可能性が強かったのです。

　さて、あなたのケースです。あなたは母親の定期預金を解約したいだけ。でも成年後見の審判開始の申し立てをしてしまった。すると家庭裁判所と面談することになります。たまたまあなたの家では、財産管理（その後の相続）や親の介護をめぐって子の間に意見の違いがあり対立していたとします。すると、お母さんの財産管理と身上監護は専門職後見人に任せましょう、あるいは最悪の場合、「財産管理は司法書士・身上監護は社会福祉士に」という複数後見人が付される可能性すらあります。なんと大げさな……ということなのですが。

家族の出番が消し飛んでしまった！

　こうなると、当座の介護費用は母親の定期預金から賄おう、と願っただけなのに、家族は病院の選定や施設を選ぶことさえできなくなってしまいます！

　知っていてそうしたならいいですが、成年後見の申し立てをする多くの人は「身上監護までできなくなる（可能性がある）」なんて、想像もできないのではないでしょうか。

　「お母さんを見守りやすいように、家から近いこちらの施設にお願いしよう」とあなたが考えていても、成年後見人は自分の都合で施設を選びま

す。家族が「お母さんには、お金がかかったとしてもこの施設に」と願っても、少しでも出費を抑えたい後見人は別の発想で施設を選ぶかもしれません。

そうならないためには、家庭裁判所との面談が決め手になります。親族間の対立は大きなマイナス材料になるので、ご注意ください。

2000年の民法改正で成年後見制度がスタートした時、法は善意の意図で、それまでの「禁治産制度」にはなかった「身上監護」を制度に加え、これも後見人の義務としたのです。財産管理だけの冷たい制度じゃないよ、本人の身の上のこともちゃんと心配している温かい法なんだよ──という配慮だったと思うのですが、法の精神が行き届いていませんね。悪くすると「家族」がどこかに飛んでしまう可能性があるなんて。悩ましい話です。

身上監護そっちのけの後見人も

「22. 介護契約や要介護認定の申請」

「23. 介護すること（本人の食事・排泄・入浴・着替え等の介助）」

「24. 福祉関係施設への入退所や病院との入退院に関する契約」

「25. 福祉施設等の処遇に対する監視・監督」

「26. 病院等への付き添い」

「27. 手術や延命措置等医療行為への同意」

「28. 病院・施設等への入所時の身元引受け・身元保証」

医療や介護に関する事柄です。身上監護権は後見人が持っています。身上監護に該当するのは「22. 24. 25.」。この3つについては成年後見は「〇」、としたいところですが、「25. 福祉施設等の処遇に対する監視・監督」について私は「△」としました。本来なら「◎」でなければならない項目です。しかし現状は、非常に多くの専門職後見人は施設や病院に本人を送り込むことには熱心なのに、その後は月額費用を自動送金して終わり、身上監護の中でも最も重要な「施設が適切に被後見人の処遇を行って

いるか」という監視・監督業務を怠っているからです。
　※以下の数字は平成29年度の厚労省アンケート「総合福祉推進事業」
　　より抜粋
　▼後見人が弁護士であった場合、面会頻度の最多は「ほぼ面会に来ない（定期的電話連絡もなし）」の31％。「年1〜2回」「ほぼ面会に来ない」の合計は77％であった。「月1回以上」は4％、「2〜3か月に1回」は15％であった。

　「23.26.」は事実行為ですから、後見人はする義務なしで「×」。
　一方、家族は（成年後見申し立てをしていなければ）身上監護を行えますから「22.−26.」まですべて「○」か「◎」。家族信託は、これらすべて任務外なので「×」か「−」。

「延命」の可否を決められるのは本人だけ

　「27. 手術や延命措置等医療行為への同意」は少し説明が必要です。
　家族は、ふつうにこれを行っていますが（私自身、父母の終末期の闘病において、医師から常に"重大な判断"を求められてきました）――原理原則論から言うと、これを行えるのは本人だけです。私は父の「延命」について、▼鼻からチューブ（経鼻胃管栄養法）を行うか、▼誤嚥肺炎を起こしたとき、「これ以上悪化したときに救命措置を行うか」、▼鼻からチューブが困難になった時「中心静脈栄養法を行うか」――など、その都度、医師から判断を求められてきました。
　本人に代わって、「延命するかしないかを決めてくれ」と言われるのです。
　本当は私が判断をしてはいけないこと。でも父の「生き切りたい」という意思は分かっていたので、常に「できることはやってほしい」と医師に答えを返し続けました。
　だから「27.」について家族は「○」ではなく、苦渋の「△」です。

成年後見人は「延命」について判断していいのでしょうか。**断じてしてはいけません、任務外「－」**です。他人の命を延ばす権利も、縮める権利もないということです。医師のプロとしての自覚に任せるほかありません。にもかかわらず、専門職後見人の中には医師から延命措置をするかどうか尋ねられ「高齢ですから、もう十分でしょう」と、事実上の延命拒否の判断をする者もいるようです。私はこれまで２件、成年被後見人の家族から「こんな後見人は解任したい」との相談を受けています。成年後見制度の大きな問題点の１つです。

　「**28. 病院・施設等への入所時の身元引受け・身元保証**」　成年後見人の任務外であり「－」。受託者も同様「－」。家族はもちろん「◎」。

　「**29. 訴訟の提起や和解**」これは成年後見人のみ「◎」。受託者も家族も本人を代弁できませんから「×」。

　「**30. 本人が死亡した後の諸手続きや葬儀・埋葬・供養など**」　成年後見の事務は被後見人の死亡によって終了するので「×」。家族はもちろん「◎」。家族信託も「◎」のわけは、身寄りのない人にとって自分の死後の手続きや葬儀・埋葬などは重大事なので、このために「家族信託契約」を結ぶことさえあるからです。民法の規定によると「委任」は「委任者・受任者の死亡により終了する」ことになっているので、独り身のＣさんが誰かに「自分の死後のことをお願いしたい」と委任契約を結んだとしても、Ｃさんの死亡によってこの契約自体が終了してしまうので意味を成しません。しかし家族信託契約を締結すると、いわゆる「死後の事務」も可能になるので「◎」としました。

『大事なこと、ノート』を提供しています

　繰り返していいますが、延命措置をするか・拒否するかを決めるのは本人です。家族も、成年後見人も決めてはいけません。さらに言えば、医師だって、自分で決めきれないから人に「判断」を預けようとしているわけです。ということは、この問題については、本人が生前に意思表示をしておくほかないのです。それを支援するため、私は特別のノートをつくり無料で頒布しています。

　『大事なこと、ノート』（静岡県家族信託協会編）32ページの人生についてのメモ帳です。終末期医療や延命についても8ページを割きました。その末尾に「事前のお願い書」を追加しました。署名とハンコを打てば医療関係者にそのまま提出できます。

　この本のテーマとは少し外れますが、読者には無料提供いたしますので、ぜひご活用ください。

◆お申込みメールフォーム
https://kazokushintaku-shizuoka.net/important-things-note/

Ⅱ　手遅れなら成年後見、間に合えば家族信託

　成年後見制度と家族信託は、認知症対策のツール（手段）として東西の両エースと目される「**財産管理手法**」です。
　思わず「エース」などという言葉を使ってしまいましたが、ご家族にとってはどちらも、**できれば使いたくない制度**でしょう。家族の中に認知症を懸念しなければならない人がいる、——**手遅れなら成年後見制度、間に合うなら家族信託制度**——という二者択一を迫られて、（どちらも）やむなく使う、あるいは使わざるを得ない２つの制度なのですから。
　家族にとっては、「認知症」がそんなに重大事を招くとは思わなかったでしょう。真剣に検討せざるを得なくなったのは、何度も言ってきているように「**財産凍結**」です。その最もわかりやすい例が、＜銀行は最近、定期預金の解約を（本人でなければ）成年後見人にしか認めない＞ようになってきた、ということです。
　なんと民法は堅苦しくなってしまったんでしょう。
　いや、民法のせいではないですね。同じ民法の下、平成 12 年（2000 年）くらいまでは銀行も、ここまで庶民の預金の出し入れに口出しをするなんてことはありませんでしたから。"時代の空気"とでも言うのでしょうか、本人が意思能力を失っていれば、代理を頼む人と事前に取り決めや約束をしてあっても、一切の代理を認めない……以前ならあり得ないような対応を、金融機関が「右へならえ」をするように、こぞってとるようになってきたなんて。

　だから成年後見も家族信託も、皆さんから待望されるような制度ではありません。**しかたなく使う制度**です。身もふたもない言い方をすれば、どっちがマシか、という話。
　目的が同じなので混同されますが、**方法はまったく違います**。方法が違

うので、この章の前半で「できること・できないこと」を個別に抜き出し説明したわけですが、見た通り、得意・不得意の分野がほとんど重なり合っていないでしょう？性質が違うんです。

方法の違いの中で一番大きいのは、**開始時期の違い**です。

成年後見は手遅れになったときに使う手段です。認知症その他の事故や病気のために本人が意識障害に陥ったり、脳の機能の一部が失われ事理弁識能力（自分がした行為の結果や影響力を認識できる能力）を欠く常況になり、いわゆる「委任─代理」という方法が使えなくなった時に、法律が認めた代理人を立てることで本人の代わりを務める、という方法。

一方、**家族信託は手遅れになる前に手を打っておこうという手段**です。いわば"転ばぬ先の杖"。認知症になることを懸念した本人や家族などが先回りして、判断力がしっかりしている間に財産を、信頼できる第三者に託してその人の名義に換えておく。そうすることで、財産の管理・処分権をあらかじめ本人以外に移しておく、という手法です。

どちらも、自分が困ったときに助けてくれる"分身"を作る方法ですが、発想は共にユニークで、ふつうの感覚からすると「どちらもひどくわかりにくい」のです。

次のページのイラストをご覧ください。

成年後見人は、本人を代理して単独で行為

成年後見は、「本人」（成年後見を受ける人）の事理弁識能力が著しく欠けるか、あるいはその能力をまったく喪失した状態からスタートします。ですから成年後見人は、本人の行動を当てにしません。すべて後見人が**本人を代理して単独で**行為します。

具体的に言えば、本人の財産の一切合切を持っていき、成年後見人は自分の手元でそれを管理します（Ｘ氏の章 18 ページで詳述しました）。

成年後見人には、❶財産管理と❷身上監護（入退院などの手続き）の任務がありますが、被後見人の常況は健常ではないと思っていますから、そ

の協力を求めることはありません。また、被後見人の家族は、本人の財産を守るという使命から見ると「本人の財産を使おうとしている者、あわよくば財産をほしいままにしかねない油断も隙もない者たち」に見えがちで、家族と相談しながら本人の意思を確認し尊重しよう、という姿勢にはなりにくいようです。成年後見人は常に本人を「見守る」という一段上の立場にいて、はたから見ると"怖い存在"のようにも感じられます。

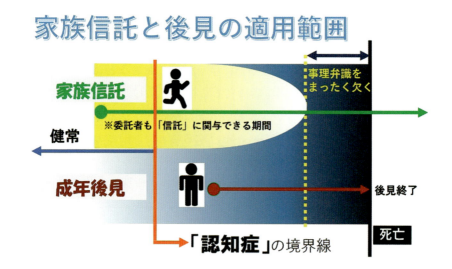

家族信託は本人の"伴走者"

　一方、家族信託は「本人」（委託者）の事理弁識能力がしっかりしているときに受託者になる人と契約することから始まります（あるいは委託者が遺言を書き受託者を指名する、という「遺言信託」という方法もあります）。オレンジの線の左側、「健常」のときに契約するわけです。

　本人は当然、信託スタート時点では意思・判断能力があり、自分で何でもすることができます。だからスタート時点の信託は、走り続けている本人に寄り添うように受託者が現れ、以後、伴走するイメージ（イラストの黄色の部分）。契約した瞬間にバトンを受託者に渡して本人は走ること

（財産管理）をやめるのではなく、黄色の区間は委託者もまた財産管理の当事者であり続けることができます。

　例えば、信託が始まる前に信託財産となる現金を用意するのは、本人（委託者）の役目です。信託財産とする以前の財産（金融資産や不動産）は本人固有の財産ですから、この処分を行うのは本人でなければなりません。

　契約書に「委託者は追加信託することができる」と書いてあれば、新たに金融資産等を信託財産に追加するのも委託者が行います（受託者が委託者の財産を委託者に代わって追加できるようにすると、委託者の認知症がひどくなり意思表示できない場合でも、勝手に財産を追加できることになり、「契約」の規律は失われてしまいます）。

　2つの制度における「財産受け渡し」についてさらりと書いたのでいまひとつ実感がわかないかもしれませんが、成年後見と同様、家族信託の場合も「自分の財産の最も重要な部分を、人に渡す」、というところから始まります。財産を手放すんです。たいへんなことでしょう⁉ 個人にとっては。人生最大の"事件"だと言ってもいいくらいです。

　ただ、**成年後見は全財産を他人に預けるのに対し、家族信託の場合は、財産の一部を自分で選択して家族に託す**、という点で違いがあります。

　家族信託で受託者の行動を監視するのは、実は受益者自身です。委託者は当初受益者でもありますから、黄色の部分が消える（事理弁識を完全喪失する）までは、委託者自身が、託した財産を受託者がどう管理するか見届けられますから、安心感があります。委託者と受託者は協働者のように、ある時期まで財産管理を行っていくわけです。

家庭裁判所がにらみを利かす成年後見

　成年後見と家族信託のもう一つの大きな違いは、国（家庭裁判所）の関

第 1 部　認知症と戦う

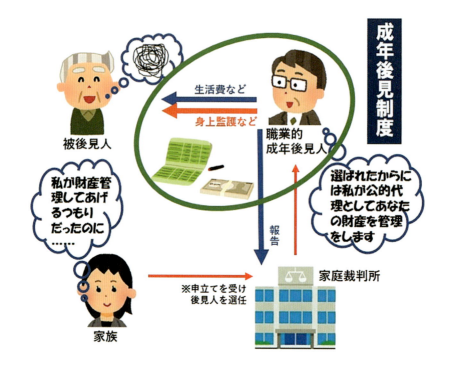

与があるかないかです。

　あなたが「後見人を付け財産管理をしてもらうとき」、あるいは「家族信託の受託者に財産を託すとき」家庭裁判所が関与するのと関与しない場合では、どちらが安心できますか？　もう一つ質問します。「弁護士、司法書士などの他人に全部の財産を預ける」のと、財産の中から特定の財産を選択し「家族の一人に預ける」のとでは、（どちらも不安があるとは思いますが、それでも）どちらの方が我慢しやすいと感じますか？

　どちらの制度を使っても、（「財産の全部か一部か」はともかくとして）あなたの財産はあなたの手から離れ、第三者が管理するようになります。
　こう言うことを、ふつうは誰だってしたくないんです。肩書のある人にであろうと、家族にであろうと。しかし、自分が認知症でお金のことも何

もわからなくなるのだとしたら、仕方ありません。そういう時に、「家庭裁判所」に関与してもらった方がいいのかどうか。

家族が「不正を働く者」だとすれば、明らかに家裁が付いていた方が安心できます（少なくともあなた自身にとっては）。しかし、家族にとっては心外でしょう。特に「不正なんか絶対にしない」と思っている家族がいたとしたら。第三者が"わが家の家計に"踏み込んできて、しかも家族を"悪事をはたらく"予備軍のように見るなんて。

財産を受託者の名義にして、管理してもらう

家族信託はこれに対し、財産を家族の1人に託します（信頼できるなら家族でなくても構いません）。全財産を託す必要もありません。自宅不動産であるとか、預貯金のどれかであるとか、証券口座とか、財産管理をしっかりしてもらう必要があるものだけ託せばいいのです。

これらの財産を、成年後見人は公的代理人の資格で管理や処分を行います。誰であれ、本人の全権代理人になれるわけではありませんから、財産管理を一定の制限の中で行います（一覧表で見た通り）。

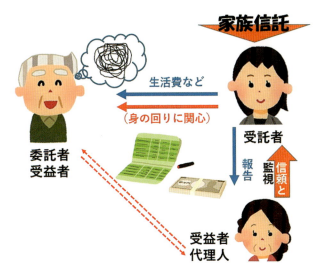

一方、**家族信託**では受託者に代わりを務めてもらうために、管理してもらう財産の所有権を「信託」という印を付けた上で、委託者から受託者に移転します。名義が「受託者名」に代わるわけです。だから以後、受託者は"所有者"としての行為をすることができるようになるのです。
　「それでは財産を受託者に取られた、あるいはあげちゃったことにならないの？」と疑問に思いますよね。
　ならないんです。それはなぜかというと、受託者は信託財産を管理して、時には運用までするわけですが、それはすべて**受益者**のためにするからです。「受益者」というのは信託財産から何らかのプラスを得る人のことです。家族信託では、ほとんどの場合、委託者が当初の受益者になります。

委託者の生活は何も変わらない

　今回のイラストの場合、父は委託者兼受益者、受託者は娘。**受益者代理人**（受益者が意思能力を失ったような時に受益者の利益を守る人）は母です。娘はお父さんのために財産管理をします。管理と言っても、お父さんの通帳のお金を自分の通帳に預け替え、毎月生活費を給付するだけ。父の側の受益としてはもう一つ、自宅に妻と共に住み続けること、があります。つまり生活は実質的に何も変わりません。
　娘はお金を預かっても自分のためには１円も使わず、受託者としての報酬もゼロ。だから娘の通帳にお金を移しても「贈与」にはならないし、娘名義の通帳から契約通り一定額を生活費として受け取っても、父にも当然贈与は発生しません（自分の金を自分が受け取るだけですから）。
　なぜこんな回りくどいことをするかと言えば、銀行に定期預金として1000万円、2000万円と預けていたら、認知症になった時には自分のお金を受け出せなくなってしまうからです。また父には、「いざとなったら自宅を売って老後資金に充てたい」という思惑があるからです。
　認知症→凍結、などと言うことがなければ、こんな余計なことをする必

要はないのですが、「成年後見」の使いにくさのことを聞くと、**家族の協力で乗り切れるなら、「まあ、やむを得ない選択」**かな、とお父さんは思ったわけです。

任意後見契約もおすすめしない

　成年後見制度は、法定後見制度（成年後見・保佐・補助）と任意後見契約の２つから成り立っています。ここまで任意後見契約については説明してきませんでした。

　59ページの**イラスト**と比較してみてください。すごく似ていませんか？ 家族信託と。受益者代理人の代わりに、任意後見監督人がつくだけですから。しかし外見はよく似ていても、制度の本質はまったく異なります。似ているのはむしろ「公的後見制度（成年後見・保佐・補助）」にです。

　イラストで、任意後見監督人と家庭裁判所を赤い点線でひとくくりにしました。両者のつながりが深いからです。監督人はどこを見ているので

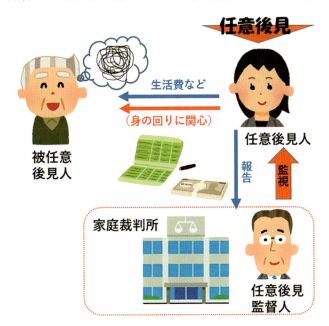

しょうか。任意後見人を監視します。しかし被任意後見人に向ける矢印はありません。本人を見ずに、任意後見人がした財産管理の結果だけを見て、指導し、結果を家裁に報告するというのが実態です。家族信託の場合は、受益者代理人が受益者の様子をよく見て「信頼と監視」の目で受託者の仕事ぶりを見ていました。

任意後見契約のメリットはなんでしょう。成年後見の場合は家裁が後見人を選任するので、本人の家族が後見人になる確率は2割台しかありませんが、任意後見なら自由に後見人を選べる、と言われてきました。ですから、成年後見を先回りして「任意後見人を指名しておけば法定後見制度に組み込まれることを防げる」として、任意後見契約を結ぶ人もいたのです。

しかしこれも実態は少し違うようです。

任意後見のため任意後見監督人を選任する場合でも、家裁は家族から事情を聴取します。その際に、家族の様子や本人の希望を聞いて、「任意後見ではなく、成年後見をした方がよさそうですね」と、と水を向けることがあります。強制ではないけれど、普通の人が家裁の意見に従わないのは、相当な覚悟と度胸がいります。

任意後見は成年後見制度の一翼を担っています。家裁の影響を受けないということはあり得ず、財産管理も家族が思うほど自由ではありません。

家族信託の専門家の中には、①家族信託と②任意後見契約、それに③遺言（信託財産以外の財産の継承を決めるため）と④医療施設への事前指示書（延命措置の可否を述べるため）を「4点セット」としてすすめる人がいますが、私は②の任意後見はセットとすべきではないと考えています。財産凍結を心配して任意後見人を確保しておく、というのは本末転倒です（判断力のあるうちに信託しておけば済むこと）。また「身上監護のための任意後見人だ」というのも、家族がいる場合は家族が担ってくれるのが相当と考える私としては、うなずけないところなのです。

Ⅲ 安全を指向し堅苦しくなった成年後見

　この他の成年後見と家族信託の主な相違点と使い勝手について、箇条書きにしてみました。成年後見の使い勝手の悪さはやはり、本人の財産を厳格に扱わせようと家庭裁判所を仕組みの中に取り込んだことと、それだけではなお不安だとばかりに、家族を制度から遠ざけることばかりに熱心な最近の"運用"のまずさにあるような気がします。

成年後見と家族信託の主な相違点と使い勝手

▼1. どんな人が利用するのか

（せ）既に意思・判断能力を喪失しているか、喪失しかけている人（認知症、精神障がい・知的障がい者など）。	（か）健常、または軽度の認知症状が出ている人。高齢で重要な仕事や、これから処分したい財産を持っている人が"まさかの認知症"に備えて。

▼2. 制度の目的

（せ）本人の財産を守る。本人を身上監護する。	（か）本人と家族の安心と幸せのための財産管理。現在から近未来、さらには死後の財産承継までを委託者の意思で決めておく。その他、さまざまな思いを「信託目的」に盛り込み実現させることができる。（身上監護は対象外）

▼3. 申し立てをする人

（せ）本人や4親等内の親族。身寄りのないひとり暮らしの人の急増もあって、市町村長申し立ても増加中。	（か）本人、または本人の将来を心配する家族が、本人が元気なうちに受託者となる家族等と契約する。家庭裁判所は関与しない。

▼4. 申し立て取下げ

（せ）一度家庭裁判所に申し立てれ	（か）申し立てではないので、当事者

ば、正当な理由がなければ取り下げられない。	が合意すればいつでも家族信託をやめられる。
▼5. 後見人／受託者の選任	
（せ）家庭裁判所が本人や家族にヒアリングして決める。申し立て時に「後見人候補」を立てられるが、家裁は本人・家族の希望に拘束されない。その結果、家族が後見人になる確率は20％台にまで落ち込んでいる。	（か）委託者が受託者を自由に決める。

家族が後見人になれるのは20％台

　法定後見人に誰がなれるのかという論点は重要なので、少し詳しく説明しておきましょう。と言うのは、成年後見の審判開始を申し立てる人の多くが、今でも「自分または家族の誰かが成年後見人になれる」と思っているからです。まったくのあやまりです。**家族が後見人になれる時代は終わりました。**あなたはミスリードされています。

　まず銀行の窓口。お金の処理はテキパキ素早く、あやまりなくやってくれますが、こと成年後見制度については"勉強不足"です。認知症の親を連れてくる家族がいると、マニュアル通りに「その場合は、あなたが成年後見人になってください」などと言ってしまいます。

　銀行の窓口で言われたように、あなたが成年後見人になれるのは比較表に書いたように、せいぜい20％台。専門職後見人と家族後見人の1年ごとの推移を次のページに**グラフ**として示しました。

　最高裁判所が毎年5月に発表している「**成年後見関係事件の概況**」という統計資料から、「後見人（成年後見人・保佐人・補助人）に誰がなっているか」を抜き出し私が作ったグラフです。

　成年後見制度が発足した2000年（平成12年）当時、この制度は間違いなく、後見人としては「家族」を当てにしていました。その名残か、今あなたがインターネットで「成年後見制度」と検索すると、裁判所関係者

系の資料の大半は「家族後見人に向けての注意書き」になっているはずです。これは"世論操作"や"誘導"などというものではなく、ただの怠慢です。昔はネットの資料も（上のグラフが交差する平成24年ころまでは）あながち的外れな解説ではなかったのです。

「家族後見人は減らす」に方向転換

　しかし、今は違います。成年後見制度を管轄する最高裁判所は完全に「家族後見人は減らす」という方向にかじを切っています。「家族後見人の不正が横行しているから」と言うのが表向きの理由なのですが。

　3年前から家族後見人は20％台になってしまいました。家族・親族で後見人になれるのは4人に1人ということになります。実は、このグラフでは読みきれない「数字」もまだあります。それは「**本人の金融資産が1000万円を超えている場合、家庭裁判所はほとんど士業者を後見人に選任する**」という傾向です。「1000万円」という数字は家庭裁判所ごとに違うようで、「東京では500万円以上」と聞いたことがありますし、静岡では「1100万円」と聞きました。

いずれにしても、大金を家族後見人が管理するのは避けたい、という意向がよくわかります。なぜそこまで家族が信用できないのでしょうか。2012年（平成24年）からは「**後見制度支援信託**」もスタートして、日常使うお金だけを家族後見人の手元に置き、大きなお金は民間の信託銀行が受託者となる支援信託に預け入れ、そこから出金するときには家庭裁判所に上申書を書いて許可を求めるようにもなりました。

　後見制度支援信託を使うかどうかは、「強制」とはされていません。しかし断ると、今度は家族後見人とは別に「後見監督人」が家庭裁判所によって付される、ということが多くなっています。

　銀行は、こういう最近の事情を承知したうえで認知症問題に困惑して窓口を訪ねるお客様に対して「成年後見人を──」とすすめている、というわけではないようです。ですから、聞く側が正しい情報を持っていないと、ミスリードされてしまいます。

　69ページに「**家族が成年後見人になれない15の理由**」を掲載しました。インターネット検索でここまでたどり着ける人はほとんどいないので、貴重な情報です。「家族内に対立がある」「本人の流動資産が多い」などの場合は家族が後見人になれないことなど、適切なヒントが載っていますが、「では**流動資産はいくらが基準？**」までは書かれていません。

　また「後見人等候補者が、本人の財産の運用（投資）を目的として申し立てている場合」なども後見人になれない理由に挙げられていますので、自分が成年後見人になって親の上場株式の運用を継続しようとしても、それは無理です。（断っておきますが、専門職後見人が運用を継続するかというと、それも100％無理です。損失が出る可能性を考えれば、家庭裁判所が許可を出すわけがありません）

◇家族が後見人になれる流動資産（すぐお金に換えられるもの）の目安
東京　　　　　　　500万円以内
首都圏　おおむね1000万円以内
静岡　　　　　　　1100万円以内

後見人の解任は「×」、後見からの離脱も「×」

▼6. 後見人／受託者の解任	
（せ）家庭裁判所に解任を上申しても、後見人に犯罪行為がないと解任を認めてもらうのは難しい。たとえ解任できても、家裁はあらためて別の後見人を指名する。	（か）委託者（または受益者）は一定の条件のもとに受託者を解任できる。
▼7. 後見、家族信託からの離脱	
（せ）「後見なんかもうやめた」は不可能。「想像していた制度と違っていた」といっても、制度からの離脱はできない。制度終了は①本人の死亡、または②本人の病気回復、しかない。	（か）契約で終了させる時期や事由を自由に設定できる。
▼8. 制度と家族との関係	
（せ）後見人や家庭裁判所は、家族を本人の財産を狙う"潜在的な脅威"とみなしているように見える。	（か）家族を信じなければそもそも家族信託という制度は成り立たない。家族の一致と協力が大前提。
▼9. 財産管理の報告	
（せ）後見人の家族への報告義務はない。家族ではなく本人の財産だから、家族に報告や相談して管理することは求められていないし、むしろ家族への報告は制度の趣旨に反していると家裁にみなされ、注意を受けることがある。	（か）本人の財産を守るとはいえ、家族があってこそ本人は幸せを感じられるのだから、年1回は本人や受益者代理人に財産の管理内容を報告する。また求めがあれば必ず報告しなければならない。
10. ▼本人の身上監護	
（せ）後見人には「身上配慮義務」「監護義務」があるが、どちらもないがしろにしている場合が多い。（※その一端を51ページの統計情報で示した）	（か）身上監護は受託者の仕事ではないが、家族の1人として役割を果たしている人が多い。
▼11. 後見人／受託者の報酬	
（せ）後見人の報酬は本人の財産から	（か）家族が受託者の場合はほとんど

支払われ、報酬額は年1回、家庭裁判所が審判して決定する。報酬はほぼ被後見人の資産額に比例しているとされ、月額換算2万円－6万円と言われている（別途、特別報酬あり）。	が無報酬。

▼ 12. 全体のコスト

（せ）被後見人の平均余命を考えると、生涯にかかる費用は数百万円──1000万円を超える場合もある。	（か）契約時の契約書作成料とコンサルティング料のみ（信託監督人を外部者に頼むと、その場合はランニングコストも発生する）。

▼ 13. 事前の相談

（せ）事前相談は事実上ない。申立当日に行う「即日事情聴取」はあるが、聴取を受けると申立取下げは不可能。	（か）適切な契約書作成のため、委託者または受託者、あるいは双方から、事前に何度でも相談を受ける。

「しまった！」と思っても引き返せない制度

　成年後見制度の運用は法曹界が行っているので、世間の感覚とは大きくズレれています。「事前相談」というものがないし、「即日事情聴取」を受けようものなら、「申し立てたことは失敗だった。やっぱりやめます」と言っても、そこからは引き返せません。柔軟性ゼロ。「本人を守るための制度です、使うと決めたら覚悟してやって来なさい」と、すこぶる上から目線なのです。

　ですから、普通の人の成年後見への感じ方は、「後見人に誰がなるのか分からない。家族や親族を"候補"としてあげても、聞き置かれるだけでそれが通るか通らないか、審判が出るまで分からない。出たら最後、それに従うしかないのでは、そんな制度、使いたくても使えたものじゃあない」ではないでしょうか。

　他分野の行政サービスと比べ、成年後見分野は"別世界"です。

参考①　家族が成年後見人になれない 15 の理由

　次のいずれかに該当する場合は、後見人等候補者以外の者を選任したり、成年後見監督人等を選任する可能性があります。

（１）　**親族間に意見の対立がある**場合
（２）　**流動資産の額や種類が多い**場合
（３）　**不動産の売買や生命保険金の受領**など、申立ての動機となった課題が重大な法律行為である場合
（４）　**遺産分割協議**など後見人等候補者と本人との間で利益相反する行為について後見監督人等に本人の代理をしてもらう必要がある場合
（５）　後見人等候補者と本人との間に高額な貸借や立替金があり、その清算について本人の利益を特に保護する必要がある場合
（６）　従前、後見人等候補者と本人との関係が疎遠であった場合
（７）　**賃料収入**など、年によっては大きな変動が予想される財産を保有するため、定期的な収入状況を確認する必要がある場合
（８）　後見人等候補者と本人との生活費等が十分に分離されていない場合
（９）　申立て時に提出された財産目録や収支状況報告書の記載が十分でなく、今後の後見人等としての適正な事務遂行が難しいと思われる場合
（10）　後見人等候補者が後見事務に自信がなかったり、相談できる者を希望したりした場合
（11）　後見人等候補者が自己または自己の親族のために本人の財産を利用（担保提供を含む。）し、または利用する予定がある場合
（12）　後見人等候補者が、**本人の財産の運用（投資）を目的**として申し立てている場合
（13）　後見人等候補者が健康上の問題や多忙などの場合
（14）　本人について、訴訟・債務整理等、法的手続を予定している場合
（15）　本人の財産状況が不明確であり、専門職による調査を要する場合

（※東京家庭裁判所と東京家庭裁判所立川支部が平成 26 年作成した「成年後見申立ての手引」11 ページから引用）

参考②　家族が成年後見人を使った方がよい場合

　ここまで私は、「普通の家族なら成年後見制度を使わない方がいい」と書いてきましたが、以下のような人や場合には、成年後見の利用を検討してもよいと思います。

〈家族間の問題〉
（１）親の安心より親の財産に関心がある家族に囲まれている人
（２）親族が親の財産を勝手に使っている場合
（３）子たちの仲が悪く、親の財産をめぐって常に対立がある場合
（４）同居している子が、他の兄弟姉妹に"使い込み"の非難を受けているような場合
（５）親の生活にまったく関心がない子ばかりの場合
（６）子がいるが遠隔地に住んでおり、大きな負担が予想される場合
（７）認知症の親に振り回され仕事に著しい支障が出てきている人

〈その他の理由〉
（８）高齢の本人が配偶者や子の介護や看護をしている場合
（９）一人で介護や看護をしているが疲れ果ててきた場合
（10）家族信託の受託者が死亡するなど、後継が見つからない場合
（11）親族の中に頼れる人がまったくいない人
（12）身寄りのない人
（13）親が悪質商法や詐欺によく遭う場合（取消権に期待）

　前ページで家庭裁判所は、家族を後見人につけない場合の一番目の理由として「親族間の対立」をあげました。対立がある場合、家族信託も使えません。（１）〜（４）がその典型。

　もう一つは、家族の負担があまりに大きい場合。老々介護等の（８）（９）。さらに助け手のいない（11）（12）は公的支援が必要です。（10）は特殊なケースですが、助け手がいない場合のひとつだと思ってください（家族信託と成年後見との連携は「当然、あってもよい」と思います。202ページや第８章で詳しく事例を紹介します）。

緊急ニュース　成年後見は「親族が望ましい」と最高裁

　これは2019年3月19日、朝日新聞朝刊が報じた1面トップのニュース。報道の前日開かれた成年後見制度利用促進のための国の専門家会議で最高裁判所が、「（後見人には）身近な親族を選任することが望ましい」との考えを示した、というのです。本の原稿を印刷会社に渡し一息ついていた私は、「おっ、水面下の情報がついに表に出てきたか」と、注目しました。

　家族を排除し専門職後見人を増やしてきた最高裁家庭局の成年後見運用を厳しく批判してきた私にとっては、最高裁の方針転換は"大きな前進"です。「民意とのズレにやっと気づいた」という意味で。しかし一方、新聞がこの問題を深く理解しないまま、これでもって「成年後見の問題が一気に解決に向かう」と世間を勘違いさせてしまう恐れもある、と心配にもなってきました。

　2000年に成年後見制度がスタートした時、民法が当てにした後見人候補は、間違いなく家族などの親族です。それが弁護士、司法書士といった士業にシフトしていったのは"家族の不正横行"とされています。本で触れたように、直近18年の親族後見人は23％にまで減らされ、士業の独占業務になったかと思うほどです。だから成年後見制度が不人気になってしまった、と最高裁も認めたということなのでしょうが、ここが法曹界ならびにこの法律改正に関与してきた専門家たちの誤解だと、私は思うのです。

　一般人の私たちが不満に思うのは、士業後見人が幅をきかせているからではありません。第一番に思うのは、後見人が誰になるかがわからない（家庭裁判所が決めるから）、「家族の自分がなれるかどうか、どこにも保証がない」ということです。

　家族にしてみれば、士業が後見人になってしまったら、「それは困る」と、当然思います。それで▼異議申し立てをしようと思っても、現実はその申立の仕組みさえない。▼「それじゃあ、やめた」と申立自体を取り消

したくても家裁は認めない。▼所期の目的は達成した（例：定期預金の解約）からと士業後見人のお引き取りを願っても、後見は一生続く、▼後見人と家族に意見の相違があって後見人を辞めさせたくてもそれが通らない、▼通ったとしても、次の後見人が選任されて就職する──。つまり、「しまった」と思っても、いったん後見制度を使ったが最後、その制度から離脱ができない、というのが本人や家族が成年後見申し立てをちゅうちょする理由です。士業が後見人になった場合、こんなに不自由になるのに**「自分が後見人になれるか最後までわからない」**。これでは成年後見に踏み込めないはずです。

　こんなサービスは、民間では考えられません。

　「サービス」と書くと法曹界の人は不満でしょうね。しかし成年後見の前身「禁治産者法」をやめて成年後見制度に移行した時、法曹界は禁治産者法を「措置」としたことを反省し、本人の残存能力をいかし、本人らしい生き方ができるようそのお手伝いをしようと、法の趣旨を180度変えたのです。措置（取り計らって始末をつけること）から「サービス」への転換、ここにこそ成年後見制度の価値があったのではないですか？　だから「強制」の観念は捨てたはず。

　ところが、捨てたはずの強制感覚が成年後見をとり行う側に色濃く残っているような気がしてなりません。**押しつけがましいんです。**守ってやる、という高飛車な感覚。一度制度を使ったら**「離脱の自由なし」の制度**にしているのは、まさに「措置」の発想。そこが、普通の人々がこの制度になじめない第一の理由です。

　69ページの「家族が成年後見人になれない15の理由」のうち、多くは「もっともだ」とうなずける理由です。しかし（2）の「流動資産の額や種類が多い」は家族への偏見です。頭から家族を信じていない。新制度の発足自体、家族を頼みにする前提でスタートしたにもかかわらず「家族はダメ。信用ならない」の決めつけが強すぎます。

　ここへ来ての方針転換は、不人気を反省したというのではなく、何が何

でも成年後見制度を普及させなければならない、との至上命令があってのことでしょう。家族を急に信用したわけではない。むしろ逆で、家族に後見人をやらせて、不正しないよう監視を強めればいい、との上から目線。

今後の運用では、親族後見人は確かに増えていくかもしれない。しかし新後見人には「後見支援信託」の利用が強く促され、断れば後見監督人が付けられる。士業後見人が今度は後見監督人として後見人となった家族を指導していく、という図に代わるでしょう。重箱の隅をつつくような見方をしないでほしい、と新監督人には強くお願いしたい。

本当のことを言えば、**運用を変えるのではなく、制度そのものを変えてほしい**。措置感覚をきっぱり捨てて、行政サービスの一環としての自覚を持つ制度への転換。離脱の自由がないサービスなんてありえない。財産管理は士業に任せたとしても、身上監護権まで福祉の感覚が薄い者にもっていかれるいわれはない。さらに、**現行の後見制度には運用側の暴走を止める仕組みがどこにもない**、家庭裁判所がオールマイティのように君臨してしまっている。ここには、物言える第三者機関が絶対的に必要です。

いずれにしても、今後の成り行きに注目ですね。

法律関係者が、ごく普通の家族の感覚を持てるかどうか見きわめる必要があります。そこが変わらないと、自分たちが深く関与している成年後見制度の現行の欠点に気づくことはないでしょう。家族を後見人にしても、締め付けばかりを強めるのはやめてほしい。本人と家族が生計一の家族に"厳正な割り勘"を求めることは、正義とは限らない。世間の人は、それを「野暮」といって毛嫌いします。後見人や後見監督人の全員が家裁の方を向いて"良い仕事"をしてしまうことを私は恐れます。よい"加減"が大事。運用を変える以上、一般人の力をぜひ信じてください。

〈2019年3月19日、追記〉

第3章
「認知症」と「家族信託」
誤解される「認知症」との戦い

　これから2つのお話をします。ひとつは、再三にわたってお話ししている「認知症そのもの」の話。実は認知症のことを、法律の専門家も、士業各分野の人も、金融機関も、本人も家族も、よく知らないまま"知っているかのように思って自分の結論を出している"、という問題です。

　2つ目は、あなたやあなたのご家族の誰かが認知症をすでに発症していたとして、どの程度の症状なら「家族信託の契約」ができるか、という点に切り込みます。

Ⅰ　認知症、誰もが知っているのに知らないこと

　認知症はコモンディジーズ、ありふれた病気です。現在、罹患者は600万人とも700万人とも。予備軍まで入れると……。まあ日本は超高齢社会ですから、4人に1人、あるいは「3人に1人がいずれ認知症になる」と言われても、あまり驚きません。それほど"当たり前の病気"。

　にもかかわらず、認知症のことをふつうの人はほとんど知らないし、医

師であっても専門医でない限り「深いところまでは知らない」という現状。

にもかかわらず、みんなが"知っているかのように思っている"というのがこの章のキモです。

認知症は「病名」ではありません

認知症とはどんな病気か？ 専門家ではないので「認知症ねっと」から引用したグラフを使って解説します。

まず、認知症の症状について——

「認知症ねっと（https://info.ninchisho.net/symptom/s10#）」の資料より

昔は**認知症**のことを「痴呆症」と呼んでいましたね。おぼえていますか？

今ではまったくの誤解であったことがわかっており、「認知症」と呼ばれるようになりました。注意しなければならないのは「認知症」は病名で

はなく、▼物事を認識する、▼記憶する、あるいは▼さまざまな場面で判断したりするための能力が衰え、または障害を受けて、社会生活に支障をきたすようになってきた**状態のことを表す言葉である**——ということです。

　だから「認知症」という言葉から思い浮かべることが、人によってすごく違っているのです。

　グラフにある認知症の〈**中核症状**〉、「失語・失認識・失行」という言葉は分かりにくい表現ですね。いわば周りの"空気が読めない"状態のことだそうです。 他はわかりやすそうな言葉が並んでいますが……。「見当識障害」はわかりますか？「ここがどこかがわからない状態」です。「実行機能障害」とは何でしょう。これは、外を徘徊する、ものを盗られたと思い込む、もの忘れが激しい、着替えができない——などの障害を言うようです。（やはり専門用語、わかりにくい！）

認知症は脳の誤作動。「痴呆」とは違う

　〈周辺症状〉も「異食」などと書かれるとなんのことだか分かりませんが、「自分のウンチを食べたりする」こと。

　表に出てくる言葉を日常使う言葉に変えましょう（右から時計回り）——
- 《失禁・弄便》排泄の失敗を繰り返す
- 《介護拒否》介護されるのが煩わしく何日も同じ服を着る
- 《帰宅願望》施設に入れられると「私を帰して」と一日中繰り返す
- 《妄想》現実には起こりえない光景を目にする
- 《せん妄》意識が混濁したり殺されたりする夢を見る
- 《睡眠障害》夜中に眠れず昼夜が逆転
- 《異食》便などを食べてしまう
- 《暴力・暴言》人を殴ったり大声で怒鳴る
- 《幻覚・錯覚》虫が体中をはう夢を見たり、お金や通帳が盗まれたと

訴える
- 《徘徊》目を離すといなくなる
- 《不安・抑うつ》風呂に入らなくなる、家に引きこもる

このほか
- 何度も同じ話をする
- 服薬せず受診を拒否する
- 怒りやすい
- 極度に疑り深くなる
- 作り話をする——などの認知症に伴う症状が知られています。

　認知症に慣れない人が、親のこんな状態を見るとショックを受けてしまいますよね。
　「狂ってしまった⁉」ように思ってしまうんです。深く傷つき、そしてあわてます。怒りも湧いてきます。　特に「疑り深くなる症状」は家族にとって最悪。「この家には頭の黒いネズミがいて私の財布を持って行ってしまう」などと言われたら、震えるほど悔しくなるのも道理です。

　しかしこんな言動も、本人の性質がねじ曲がってしまったからではなく、脳のどこかの機能が狂って（機械で言えば"誤作動"を起こして）言っているのです。
　認知症は"脳の誤作動"！
　決して痴呆になってしまったわけではありません。
　知的レベルの低下はあっても、知能がないわけではなく、本人には誇りもあります。また認知症を取りつくろい正常なふりをするなど、巧妙な脳の働きを見せることさえあるのです。

Ⅱ 「認知症」と知られただけで"特別扱い"

　認知症は脳機能に何らかの"異変"が生じている状態ですから、他の病気のように直ちに床につかなければならない、ということにはなりません。本人も周りも『何かおかしい』とうすうす感じてはいても、特に何もしないでいるのがふつうです。それでも今までは、日常生活にさしたる支障は生じませんでした。

　でも最近10年は違います。生活に決定的な差しさわりが出るようになってきました。

　金融機関に「認知症」と知られると、自分の資産なのに"凍結されてしまう"という事例が急増しているからです！

　Ⅰで述べたように、認知症は高齢になれば誰にでも起こり得る当たり前の症状。ところが症状は千差万別。うわさでは知っていても、実際に認知症の人を目撃することは珍しく（というのも、よほど症状が深刻化しないと、はたから見ただけでは認知症かどうかわかりませんから）、それとわかる症状が出てきたときには、徘徊であるとか、異食であるとか、幻覚を見ているとか、とにかく"異常さ"だけが目立ってしまいます。（だから「能力がないのだ」と誤解する）

　認知症の症状は、薬でコントロールすれば、軽くなることもあります。また、たとえ行動が普通の人より変わっていても、「意思能力が完全に失われているわけではない」場合が多いのですが、一度「あの人は認知症」とレッテルを貼られてしまうと（特に金融機関が知ったときには）、以後、**"特別な扱い"**になってしまいます。

　遠回しに書くと「特別な扱い」ですが、要するにこの人の口座は凍結する、ということです。本人が頼んでも、家族が委任状を持って迫ったり、病気を理由に懇願しても同じです。

　▼定期預金は解約できず、▼普通口座の預貯金もおろせず、▼生命保険

の保険金は受け取れず、株や投資信託の口座も動かすことができません。

　また、▼不動産についても同様。所有者が認知症を発症し、その症状が深刻な場合は、契約そのものが「無効」とされ所有権の移転登記などはできないことになります。

　▼会社を経営している場合は、さらに深刻な影響が出ることは想像していただけると思います。自社株式の議決権を行使するということも、意思能力がなければできないことですから、オーナー経営者が認知症になると、早めに手を打たない限り経営そのものが崩壊します。

　▼もっと言えば、**認知症の深刻化→契約無効**ですから、社会的な人間としてはもはや通用しない人になる、ということなのです。

第1部　認知症と戦う

Ⅲ　老後資産の凍結は13年前から深刻だった！

　認知症は、がんや脳卒中、心臓病などの深刻な病気に比べて「大したことではない」と思っていませんでしたか？ **老後資金が凍結される**などという事態が起きなければ、私もここまで騒がなかったと思います。

　でも**凍結は、13年前から深刻でした！**

　そして、**最近8年は"破壊的"とさえ言える**状況です。

　（にもかかわらず、一般の人にはあまり知られていない、だから危機感もわかない。当然、対策ということも考えない……「それでいいんですか？」というのがこの本を書いている理由です）

　なぜ「13年前から」と断言できるかというと、コレです。

　最高裁判所が毎年発表している「成年後見事件概況」という統計資料。（65ページで「家族後見人と職業後見人」をグラフにした、あの資料です）この統計には、成年後見制度・任意後見契約への申立件数や後見人になる人、申立者、申立理由などがのっています。その年の資料だけ見ても長期的な「傾向」はわからないので、今回もグラフにしてみました。

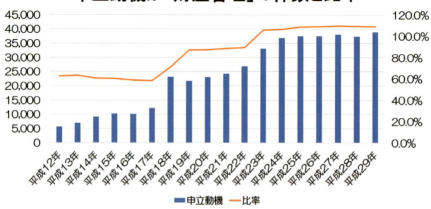

2006年が"預金凍結元年"

　タテの棒グラフは申立理由のうち「財産管理」をあげた数です。財産管理とは①預貯金等の管理・解約、②保険金受取、③不動産の処分――です。平成22年まではこの3つをひとくくりにして「財産管理」としていました。平成23年から最高裁は①②③に細かく分けてくれたので、「申立理由」がいっそう明確になりました。

　グラフを見れば、お金のために成年後見制度を使う人のホップ・ステップ・ジャンプの著増ぶりが明らかです。成年後見制度初年の2000年（平成12年）には、申立理由が「財産管理」の人は5629人、申立動機（複数回答）の62.5％でした。60％前後の年が2005年まで続きます。

　2006年（平成18年）になって突如、数字がはね上がります。私はこの年を"預金凍結元年"と名付けてもいいと思っています。件数2万3127件、比率は70.9％と初めて「動機」の70％を占めるようになりました。翌年は87.0％、さらにポンと上がりました。

　ところが、最高裁が統計分析を細かくした2011年（平成23年）からは、一気に「ジャンプ」です。件数3万3158件、比率105.6％と初めての大台突破尽くし。まさに"異次元"に突入した感じです。複数回答ですから①預貯金等の管理・解約を筆頭に、同じ人が②保険金受取や③不動産の処分も「動機」に加えたこともあるかもしれません。それにしても100％超えとは！　成年後見開始の審判申し立てをするほぼ全員が「本人の財産を活用できないから」という理由で、この制度にたどり着いているということです。

　ちなみに、「①貯金等の管理・解約」を申立動機にしている人は平成24年から昨年まで2万7000人～3万人弱で安定的に推移しており、この間の審判開始申立者おおむね3万5000人中の81％～82％を占めています。成年後見制度を使う理由の8割強は「通帳からお金を引き出したいから」だなんて、驚きです。成年後見は、そんなための制度だったんでしょうか。

突然「わが家の認知症問題」に遭遇する

グラフを見れば、銀行等による老後資産の凍結は"社会問題"であることが明らかです。

しかし、社会問題化しているかというと、まだまだ関心は「家族の中に認知症の人を抱えた」ごく一部の家庭にとどまっているとしか思えません。こんなに深刻なのに……、銀行に行っても窓口で大げんかしている人は見かけませんし。

少し違う角度からこの問題を分析してみましょう。

テレビの視聴率1％は何人を指すかご存知ですか？ だいたい100万人だと言われています。すると認知症の人が700万人いると、視聴率に換算すれば7％くらい。テレビの現場ではかなりビミョーな数字。朝や午後の時間帯なら胸を張れますが、ゴールデンでこの視聴率だと「番組継続は苦しい」という感じになります。

認知症700万人、800万人というのは社会にとてつもない影響を与える"大激震"なのですが、「わがこと」になっている人は7、8％。(周りにいる家族まで含めれば15％〜20％になるでしょうから、もっと話題になってもよさそうなんですけどね)

さらに、この問題に追い詰められて成年後見制度にたどり着く人は年間3万5000人くらい。100万人で1％の視聴率に換算すれば、0.03％か0.04％。とてもじゃないが「成年後見」が社会の話題になるはずがありません。これほど私は「深刻だ、社会問題だぜ！」と叫んでいるのに、世間一般にはまだまだ知られていない→個々の人の関心事にはなっていない→だからこの問題を知ろうと思う人はごく限られている→当然、一般の人の知識は増えない。そういう具合だから、高齢者を抱えたご家族も、**ある日突然であるかのように「わが家の認知症問題」に遭遇する**のです。

6割の人が「最後は1人になる」超ソロ社会

なぜそうなってしまうのか。種明かしをします。

「視聴率」というのは全体の話なんです。「認知症」の問題を世間一般の物差しで論じても、実は意味がありません。この問題は「高齢者がいる家庭」に絞って考えるべきなんです。**「高齢者の中で何人」**という発想で数字をとらえなければなりません。誰もが歳をとります。致死率は100％。そのうち95％の人が、（今はどんなに若くて元気でも、そんなに遠くない将来）65歳以上になります。

誰もがいずれ行く「65歳以上の人がいる家庭」の世帯構成に関心の目を向けましょう。こうなっています！

ただの「棒グラフ」にしか見えませんが、深刻ですよ。

夫婦のみの世帯がもっとも多く31.1％。ついで単身者27.1％。昭和の時代には普通だった「3世帯家族」に至っては11％しかなく、もはや"絶滅危惧種"になりそうです。

みんな65歳以上になります（正確には95％の人）から、いずれこの中の1人になります。未来の話ではなく、今、この日本で高齢者のいる家庭では、4人に1人が独り身です。「夫婦のみ」の世帯と合わせれば58.2％。過半数をはるかに越え、6割近くの高齢世帯でやがて「独り身」になることが約束されています。だってご夫婦はいずれ伴侶をなくしますから。ということは、私たちはほぼ6割の確率で「最後は1人になる」超単身時代、**超ソロ社会**に生きているのです。

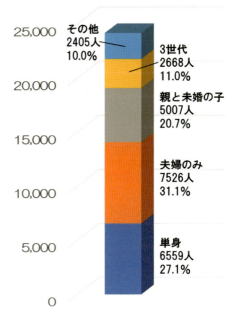

2人に1人は認知症問題に直面する

　自分のことを振り返ってください。お子さんがいる人でも、子の夫婦や一家はあなたと別世帯ではありませんか？　近くにいてくれれば、まだしも幸運といった感じなのでは？　かく言う私と家内も同じです。

　そういう家族の中で4人に1人、あるいはもっと厳しく見れば3人に1人が「認知症になる」と言われているんですよ。夫婦のどちらが認知症になっても、"重大な困りごと"だと思いますが、そうなる確率は「4分の1掛ける2」または「3分の1掛ける2」。私たち65歳以上となった"高齢者"の半数以上が、「認知症を抱えた夫婦か単身者」になるのです。

　視聴率に置き換えると「遠いところの話」に聞こえたと思います（ゴメンなさい）。ところが現実を直視すれば私たちの半分以上は認知症の問題を"わがこと"と考えなければなりません。

　対策として私が書いてきたのは、「成年後見人のお世話になる」「家族信託を早めに使う」「なんとかなるさと何もしない」の3つ。必ず訪れてくる困難な時期に、私たちはどう向き合いましょうか。

Ⅳ　認知症と診断されたら家族信託は無理⁉

　家族信託の注目度は今、確実に上がってきています。「認知症」の問題がようやくメディアで取り上げられるようになってきたからです。一方、対策の切り札的に言われてきた成年後見制度の使いにくさ（というより私は明確に「欠点」だと申し上げます）が、ようやく知られるようになってきました。いつも時代を先行するインターネットでも、［成年後見_問題］［成年後見_デメリット］などと検索すると、たくさんの"不都合な事実"が表示されています。

　「成年後見より家族信託を使え！」
　3年来言い続けてきたことが最近、少しは皆さんの耳に届くようになってきたのではないでしょうか。

　そこで質問されるのが、「認知症との診断を受けたら、もう家族信託はできませんか？」という質問です。認知症の診断➡即アウト！　ではない‼と思います。しかしこのフレーズを太字で書く気はしません。そんなことを私に聞く前に、あなたはもっともっと、ずっと早くから行動してくれればよかったのに、と思うからです。
　ここまでこの本を読んでくださった方には耳にタコができているかもしれませんが、あえて繰り返します。「認知症」はやっかいですよ。直接死に至る病ではないものの、本人や本人の周りにいる人を傷つけます。**お金の問題で苦しめるんです。**こんな病気、ほかにはありません。
　また、症状はほぼ確実に悪化しますが、あしたすぐ重篤に陥るという病ではありません。深く進行するまでには必ず一定の"猶予の期間"があるはずなんです。この期間を見過ごさないでください。この期間でしか対策は講じられません。この期間を正しく使えば、成年後見制度を使わなくて

も認知症の問題は克服できます。

「認知症との診断を受けたら、もう家族信託はできませんか？」なんて質問をしないでください。そんな診断が出るようなら、**あなたができる時間は限られている**、ということです。間髪おかずに、対策に乗り出しましょう。やらなければならないことは、たくさんあります！［第６章で詳しく書きます］

「認知症」の症状は千変万化

家族信託と認知症を説明するときに、私がよく使うイラストがこれです。

青のグラデーションが「認知症」の常況を示しています。症状は確実に進みますから、重くなればなるほど「黒」に近づくように表現しました。

［Ｉ］で説明したように、「認知症」の軽重や症状は千差万別ですが、「認知症」とひとくくりにされてしまいます。これも認知症の特徴ですね。それが後々、本人や家族に不利に働くので、困ったものです。

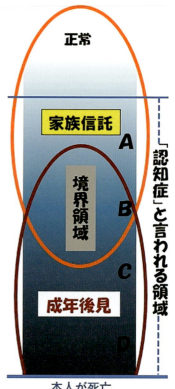

Ａの人は外形上ふつうの人と変わりません。一口に「成年後見」と言われますが、３つの類型にわかれています。症状が軽い順に❶補助➡❷保佐➡❸一番重いのが成年後見です。

Ａ常況の人は、診断名がつかなければ「正常」、医師が「認知が始まっています

ね」と言えば、認知症ということになります。お医者さまにより"境目"のブルーの線も上下するわけです。

Bの常況にある人は「補助相当」でお金の管理が少し難しくなってきた人。Cは家や車など大きなお金を使う場合には常に誰か意思決定を支援してくれる人がいた方がいい人で、「保佐相当」にあたります。D常況まで行くと「成年後見相当」で、ほとんど判断能力を喪失している状態。

A、B、C、Dは便宜的に分けただけです。同じく「認知症」と書かれていても、個別の診断書には75ページで紹介した"認知症の病名"が書かれている場合が多いでしょう。症状は、薄いグレーから黒に向かって順に進んでいくわけではありません。「補助相当」「保佐相当」と言われたところで、同じ人がある日は調子がよく、翌日には悪い、もっと言えば1日の中でも症状は大きな振れを見せるかもしれない、というのがこの病気の特徴です。

Aは自立、Dは家族、または成年後見人が付いていないとまずいだろうなとすぐわかりますが、悩ましいのはBとCの段階の違いです。症状の出方も千差万別なので、専門医でも厳密な判定は困難です。

一度判断されたら"逆転"できない

私は今、かなり力んで「認知症の症状は千変万化なんだ、同じ人の中でその変化が起こり得る」とこの病気の特殊性を訴えました。

専門医ならそんなことは、百も承知です。

成年後見開始の審判申し立てを判断する家庭裁判所の裁判官も、この病気の特殊性をご存知かもしれません。ところが世の中の大半の人は、そこまでは知らずに「認知症」をうんぬんしているのです。銀行しかり、生命保険会社しかり、証券会社も、不動産の登記を請け負う司法書士も、家族信託の契約書を作成する士業者も、それを公正証書にまとめる公証人も⋯⋯。

何を言いたいのかというと、本当は誰にとっても認知症の判断は難しいということ。しかし裁判官は「審判」を下します。銀行は定期預金を解約してくれたり、逆に凍結するかもしれません。司法書士は登記事務を引き受けたり断ったりします。つまり、**認知症の判断は非常に難しいのに、人により、業界により、（判断保留とはせずに必ず）判断するのです**。その判断は私たち普通の人たちからすると、ほとんどの場合、取り返しがつきません。その判断をひっくり返すのは非常に難しいのです。

そのことが、この章で私が最も言いたいことです。

「補助」と「保佐」の境目は医師でもわからない

私の立場で、「家族信託の契約を家族と結びたい」というお客さまがいたときに、「大丈夫ですよ」と即答できるのは、イラストでＡかＢの常況にある人までです。つまり<u>「補助相当」に当たる人まで</u>ですね。問題は「Ｃ（保佐相当）」にいる人です。ここにいる人は、非常に難しい人です。私だけではありません、（たぶん）誰にとっても判断能力、意思能力がどれくらいあるのかの見極めについては、迷わざるを得ないのではないでしょうか。

「補助」と「保佐」。確かにイラストにすれば薄い・濃いと差が出ます。しかし認知症は専門医が問診をし、長谷川式簡易認知症スケールなどの「インタビュー検査」も行い、CT（コンピュータ断層撮影）、MRI（磁気共鳴画像診断）、SPECT（単一光子放射断層撮影）といった「画像診断」まで駆使したとしても、「補助」と「保佐」の境目はわからないでしょう。

銀行が「認知症」を疑うとき

しかし、「決定」は実にシンプルに行われます。

銀行はいちいち医師の診断書を求めたりしません。行員は（もしかしたら役席者も）、まず家族の言葉に反応します。あなたが銀行に協力を求めるつもりで「母は認知症なので」と言えば、即アウト！

その他の場合に銀行が「この人は認知症かもしれない」と疑問をもつ理由はさまざまです。
　▼今までは問題なくATMを使っていたのに、今日は途方に暮れたように操作の手が止まる、▼高齢者から「通帳をなくしたので再発行してほしい」と申し入れがある、それもたびたび、▼家族（と思われる人）が連日のように、カード引き落としの上限いっぱいをおろしに来る、▼本人の委任状を持って家族が窓口で100万円以上をおろそうとする、▼何年もキャッシュカードの利用のない人のカードが（本人でない人によって）ほぼ定期的に一定額がおろされるようになる──などなど。

高齢社会に追いつかない私たちの常識

　こういう"特別な事情"がなくても、高齢者が大金をおろしたり、定期預金の解約をするのは簡単ではありません。必ず解約の理由を聞かれ、判断能力があるかを試されます。よかれと思って家族が付き添って行けば、ハードルはさらに上がるかもしれません。以前とは様変わりだということをしっかり心に刻んでください。
　▼詐欺などの犯罪を防止する。▼家族や親族などが勝手に高齢者の預金を引き出すのを防ぐ。▼認知症になった人が大金を持つことを懸念する。▼（これも重要！）何か"事件"が起きたときに銀行が「管理責任」を問われ訴えられることを防ぐ──などなどが銀行側の「変わる理由」でしょう。
　もっと言えば、**日本が「急に高齢社会になってしまった」**ことも大事な視点でしょう。目に見えて、まちの風景そのものが変わってきました。私が住んでいる静岡市でも、昼間歩いている人は高齢者ばかり（に見えるほど）。銀行に話を戻せば、高齢者があまりに詐欺被害に遭うので、ATMの振り込み上限が1日10万円になってしまいました。不便で仕方ありません。でも、そういう時代なんだからと、理解はできます。
　ただの高齢化の波ではありません。それに「認知症の急増」が加わって

いる社会の変化です。個々の組織、業界の対応では追いつかないほどの大変化に、私たちも追いつけないでいます。銀行も戸惑いながら、とりあえず"危ないと思ったら口座は凍結する"というように舵を切っている、ということです。

不動産の"凍結"も進行している！

　高齢社会＋認知症高齢者の大量出現。この影響は金融業界にとどまりません。「認知症の問題」は司法書士の業界にも大きな影響をもたらしています。

　ふつうの人にとって、司法書士はほとんど接点のない職業人だろうと思います。もし縁ができるとすればマイホームを建てたとき。住宅と土地の登記は司法書士の専管事務です。といっても「接点」はそれきり（で終わるのがふつうでした、今までは）。ところがここでも変化が起き始めています。

　社会の高齢化➡介護需要の急増➡費用の増大。ということで、「マイホームをいざというときにはお金に換えて介護等の費用に回そう」と考える人が増えています。親世代でも、子世代でも。

　不動産は一番大きな買い物でした。資産価値もある。だから考えようによっては"年金的な価値"があるわけですが、地域によっては"売り時"も考えておかなければなりません。日本では高齢化と同時に少子化も同時進行し、「人口減➡売れずに負動産化」も考えられるからです。

　そうした背景の中で、「不動産の"凍結"」も実は、進んでいます。
　ここでも認知症が影を落とします。
　「家を売る」ことは契約です。さらに売主は買い手に対し「所有権移転の登記義務」があります。その登記をしてくれるのは司法書士です。大きなお金が動く取引の最後のクライマックスが移転の登記ですから、司法書士は本人の意思確認を慎重に行います（認知症に付け込まれて家を売って

第3章「認知症」と「家族信託」

しまえば、行き場を失いかねませんからね)。

司法書士は「保佐相当」でアウト!

事前の打ち合わせなどで家族が不用意に「父は認知症なので」と言うと、司法書士は「それでは診断書をもらってきてください」と要請するかもしれません。

診断書の例を表示します。「静岡家庭裁判所提出用」です——（枠は筆者）

通常の登記事務を依頼する時に、いきなり司法書士が成年後見開始の審判申立に使うこの診断書を渡すことはないと思いますが、話をわかりやすくするためにあえてお見せします（家裁提出用の診断書は各家裁によって様式が異なりますが、おおむねこの例示に近いです）。

赤枠の中を見てください。保佐相当・補助相当の文字が見えますか？自己の財産を管理・処分するには「常に援助が必要」か「援助が必要な場合がある」か、で保佐と補助が分かれます。たった1行の違いですが、結果は天と地ほども違うことを理解してください。

保佐相当にチェック（✔）が入っていると、登記を引き受ける司法書士はほとんどいなくなります。『ああ、ここが判断の分かれ目なんだな。少なくとも司法書士にとっては、補助相当か保佐相当では意味が違ってくるみたいだ』と、何人かの司法書士の友人に問い合わせて、了解しました。

司法書士の判断が信託時機の限界を決める

業界の事情は、私も同じ士業なので理解はできます。先ほどの問い、「家族信託はどの状態までならできますか？」「イラストのA、Bの人までは大丈夫」。当たらずとも遠からずでした。

不動産を信託財産とする家族信託の成否を決めるのは、契約書を作成する私でも、それを公正証書にする公証役場の公証人でもありません。登記事務を行う司法書士の判断次第です。診断書の「保佐相当」にチェックが入っていることを目にすると、十中八九、「登記事務は行えません」という返答になります。事実上それが家族信託ができるかどうかの境目です。問題の不動産を信託財産として登記できなければ、どんなに精緻な契約書を作ったところでスタートできないからです。

成年被後見人、被保佐人になると地位を失う

どうして保佐相当ではダメかというと、今度は少し難しい話をしなければなりません。

成年後見制度に「**欠格条項**」があるのはご存知ですか？

「これこれの仕事をしてはいけない」「この資格ははく奪する」というのが欠格条項です。成年後見制度は、財産管理の手法であり、それに「身上監護」という仕事を付け加えた制度にすぎないと私は解釈していますが、脳に障がいが出ることの社会的な影響は強く、現実的には、被後見人たちの職業や資格を制限する法律が多数作られています。

代表的な例が、国会議員や公務員、教員、士業が資格を失うというものです。各省庁が所管する法律や政令に規定されている欠格条項は、法律だけで180もあるほどです。

司法書士の成年後見団体リーガルサポートがまとめてくれた資料があります。

それによると、制限の範囲が後見類型（成年後見人・保佐人・補助人）によって微妙に異なっています。

◎成年後見・保佐までが制限対象となる職種

国会議員▼国家公務員／地方公務員▼会社役員▼校長または教員▼医師▼一級・二級建築士▼社会福祉士▼自衛隊員

これらの人たちは、補助相当までなら仕事を続けられますが、「保佐相当」または「成年後見相当」とみなされるほど事理弁識能力を著しく欠くようになると、その職業を自動的に失います。だから会社を経営する人は、おいそれと後見制度を使うことはできないのです。

士業はさらに厳しく、脳の機能が健常であることを求められます。以下に挙げる職種は「**補助相当**」という成年後見制度の審判開始の入り口で、国家資格をはく奪されてしまいます。

▼弁護士▼司法書士▼行政書士▼社会保険労務士▼公認会計士▼税理士▼土地家屋調査士／不動産鑑定士──私も行政書士なので、うかうかしていられません。

　以上の事実から、「保佐相当」は法律上、その職業を続けられるかどうかの**重要な分かれ目**であることがはっきりしました。
　※ 2018 年 3 月、政府は閣議で各種法律の「欠格条項」を原則として削除する一括法案の提出を閣議決定しました。おおむね 3 年以内にこの"差別"はなくなりそうです。

預金を崩せなければ家族信託は無理!

　これも繰り返しになりますが、**家族信託の受託者は"凍結資産"を解除させる人ではありません！**
　成年後見制度に換わる「認知症対策の切り札」などと大げさなことを書くと、家族信託に途方もない期待を抱く人が現れがちです。「信託受託者ならば後見人の代わりに"凍結"を解除してくれる」なんて、とんでもない誤解です。
　家族信託は"魔法の杖"でもなんでもありません。委託者が信託した財産を委託者（兼当初受益者）のために、適正に管理してくれるだけです。認知症による障がいが予想外に早いテンポで進み、二進も三進もいかなくなった事態を、時計の針を戻すように「振り出し」に戻してくれる機能はありません。
　お金のことなら、**定期預金のような大きなお金を自分で解約して「信託通帳」に移し替えることができるまで、**がタイムリミット。不動産なら、**司法書士が何の疑念もなく登記事務を引き受けてくれるときまで。**それが「家族信託ができる」最終期限です。
　特別のことでもなんでもないですよ。以前のあなたなら、以前のあなたの親御さんなら、苦もなくできたことです。これを難しくするのは「時

間」なんです。

長谷川式テストに戸惑うとき

　老いてきた時間は、若いころの時間、いや、つい1年前の時間とも違うかもしれません。
　「長谷川式認知症スケール」という有名なテストがあります。質問はたった9つ。こんな感じです。
　医師：「これから言う3つの言葉を言ってみてください。あとでまた聞きますのでよく覚えておいてくださいね」
　医師は〈桜・猫・電車〉あるいは〈梅・犬・自動車〉とどちらかの言葉をゆっくりいいます。
　続いて医師は、「100から7を順番に引いてください」と質問します。答えがあっていると医師は「それからまた7を引くと？」と重ねて聞きます。
　その後、医師は「私がこれから言う数字を逆から言ってください」。
　(6—8—2) 3ケタがうまくいったら (3—5—2—9) と4ケタの逆順を尋ねます。
　簡単なようですが、スラスラとはいかないかもしれません。
　そして医師は、さらにこう聞きます。
　「先ほど覚えてもらった言葉をもう一度言ってみてください」

　4問だけ紹介しましたが、含蓄があるでしょう？　あなたはもちろん満点（かな）。ところが、このテストに高齢者や認知症の症状が出てきた人は困惑してしまいます。高度なテストではありません。たった9問。それでも打ちひしがれてしまう人はいます。前回は22点、半年後、7点、なんて人も珍しくありません。「時間」はその人によって違います。
　底意地悪い時間はポロポロこぼれ落ちていきます。時間が手のひらから落ち切ってしまう前に、やるべき対策をしてください。

信託前の財産管理、代理人カードがおすすめ

　老いてきた親のお金の管理が心配で、ある時期から娘さんが代わりに銀行に行ってお金の出し入れをする。それを誰にとがめられることもなく、正々堂々とやっていくために家族信託があるわけですが、すぐに「契約しよう」と決心がつくものでもありません。すると、銀行に凍結される可能性は常に念頭に入れて行動しなければなりません。そのためのベストな選択とは——

　最低限、親にキャッシュカードを作ってもらうことです。かたくなに作らない人もいます。私の母もそうでした。母の介護が始まったとき、父が説得して、１口座だけですがカードを作りました。これが後日、家族を助けてくれることになりました。

　本人のカードを作るなら、同時に代理人カード（家族カード）を作れれば理想的です。このカードは、本人が窓口で希望すれば、書類１枚ですぐに手続きは終わります。必要書類は▼届出印▼本人のキャッシュカード▼本人の身分証明書。１週間ほどで本人宛に簡易書留で送ってくれます。料金は1000円程度の銀行が多いようです。

　カードを渡す相手は大半の銀行が「生計を共にしている家族（同居、仕送り）」としていますが、こういう時代ですから、実家の親の財産を管理するという理由は認められる可能性が高いと思います。申込みの時に生計を共にしていることを証明するための家族の資料

等は求められません。

　写真は、私が家内に1枚持っていてもらうために地元信金で作った代理人カードです。口座番号も名義も本人であり、私の持つカードと違うのは口座番号末尾に「D」が入っていることだけ。

　代理人カードを紛失したり、カードの磁気がなくなった時、代理人の申し込みでも銀行は再発行してくれます。

　親の中には代理人カードを渋る人もいるでしょう。でも、スペアのカードを家族が共有することは、親子に信頼関係がある証です。結果的に銀行の信用が得られ、定期的なカード使用にチェックが入りにくくなる効果も期待できます。親には「凍結されないための対策」と説明して、カードについても「（私は勝手に使わないから）当面はお母さんが両方もっていて。おろしたいときだけ代理人カードを貸してくれればいいから」と、やさしく説明してください。

定期預金の解約はできません

　代理人カードがあれば家族信託は必要ない、と考える人がいますが、カードを2枚持つのはあくまで予備的な措置です。代理人カードがあっても、定期預金の解約ができないことは変わりません。

　ですから将来の凍結に備えて、後見人を自分で選ぶ任意後見契約を使おう、という人もいます。しかし最近は、契約内容に「預貯金口座の解約」が入っている場合でも、定期預金の解約については、本人または成年後見人だけとする銀行が多く、いざ任意後見が始まっても、目的が達せられない可能性があります。

　財産管理委任契約や、銀行とお客さまとの「任意代理」という制度もありますが、こと定期預金については同様です。

　結局私の結論は、①本格的な財産管理までの"つなぎ"として使うなら代理人カードで十分、そして②老親に本格的な財産管理が必要だと見切ったときには家族信託に移行していく――です。

第2部
受益権に切り込む

家族信託が民法でできないことを
可能にしてしまう理由(わけ)

第4章
家族信託の本丸・受益権とは

委託者の"分身"が活躍できる原動力

いよいよ家族信託の本丸にきり込んでいきます。第4章では、「受益権」とは何かを解説します。

受益権についてはこれまでも、何度か小出しに説明はしてきているのですが、一度きちんと徹底解説した方が「家族信託」を理解していただけそうなので、あえて章を設けました。

正直言って、いちばんわかりにくいところです。

「家族信託」自体は、家族の誰かが本人に代わって行ってきた財産管理を、「委任―代理」の形を取らずにこれからもずっとやれるようにするための手法である、と言えるのですが、なぜそれができるのかというと、その理屈は込み入っています。それを解説するというのは、絡まった毛糸の玉を解きほぐすように骨が折れ仕事ですが、できるだけ平易に説き起こしたいと思います。

さらに第5章では、家族信託で受託者の必須の義務になっている「分別管理」についても本格的な解説を行います。特に、信託の実務家にとって大きな障害になってきた《銀行が受託者のための通帳を作ってくれない》問題について、少し光明が見えてきたので、そのことはお話ししたいと思っています。

第6章がいよいよ「家族信託の実例」の紹介です。

冒頭で、「居宅売却信託」の契約書を実際にお見せしながら、逐条解説をして、家族信託で大事なポイントを説明していきます。

それ以降は、私がかかわったケースから浮かび上がってきた、家族信託のさまざまな問題と希望をご紹介していきます。

Ⅰ　受益権を徹底解説

家族信託は、受託者という"委託者の分身"を使って行う、新しい**財産管理手法**です。

ここまでは今まで書いてきたことでかなりご理解いただけたと思います。しかし難しいのはここからです。そんな分身を家族信託は、民法の鉄則「委任―代理」という観念を使わずに、作り上げました。なぜそれができるのか、ということを解説しなければなりません。

その発明の原動力になるのが「**受益権**」というユニークな権利です。

受益権は一種の"方便"だった！

［受益権は、所有権から「名義」を引き算したものである］と私は考えています。

突然わけのわからないことを言い出した、と言われそうですが、まあ、聞いてください。

法律家として「受益権とは何か」をまじめに考えると、説明するのが非常にむずかしいです。ところが、ジャーナリストの勘といいますか、信託法の中でなぜ「受益権という観念が生まれてきたのか」を考えると、スーッとわかってきます。「これって、方便だよな」ということが。

何が方便かと言うと、「みんながやりたいと思っていたことを、やれるようにするため方便」、仮の手段です。

親が認知症になりました。銀行でお金をおろさせてくれません。「本人の意思能力がないから、本人の真意がつかめない」と銀行は言います。そんなばかな、お金がいることはわかるだろう、本人のお金じゃないか。本人がダメでも同居している家族ならいいじゃないか、誰よりも本人の今の暮らしを知っているのだから。私が責任もって代理するからおろさせろ。それでも銀行は「ノー」という。「本人に意思能力がありませんから、そもそも〈代理〉ということが成立しません」。そんなこと言ったって、**昔は誰もこんなことで困らなかった、なんとかうまくやってきたじゃあないか……!!**

　これだと思うんですよ！

　昔は、たぶん昭和が終わるころまでは（バブル盛期の1990年頃までは）、銀行もなんとかかんとか**融通を利かして**くれたんです（もちろん銀行により、支店により、また担当者によって違いはあったにしろ）。

不都合な現実をなんとかするために

　民法を正しく読めば、銀行の杓子定規な対応は間違っていません。民法は**人々の権利関係**を扱っている法律ですが、「人々」の前提は"**行為能力のある者**"限定なんですから。

　行為能力があれば**契約**ができますが、行為能力がない者（民法は「未成年者」と「成年被後見人」を挙げています）は契約ができません。だから、銀行は間違ってはいない！

　間違っていないと言っても、納得はいきません。民法に何が何でも従えというなら、認知症患者700万人全員に後見人を付けろ、という話になってしまいます（事実、そういう方向に持っていこうという流れはあるようです）。700万人でなくても、重度の認知症患者、知的障がい者や、精神障がいを持つ人たちはみな、後見人がいなければ生きられなくなってしまう。

　でも、今までは家族がなんとか、苦労に苦労を重ねながらも、さまざま

な苦境をしのいできた。それじゃあいけないの？　という声がある中、現在は"精神上の障害により事理を弁識する能力を欠く常況にある者については（民法第7条の一部を引用）"、金融機関が金融資産を事実上凍結してしまう結果、非常に生きにくくなってしまいました。

なんとかならないの？

発想がぶっ飛んでいる信託法

そこで**再発見、再注目されているのが「信託法」**だと思うんですよ。

信託法は大正時代からありますが、商事信託を中心に使われてきたため、民事面で注目されることはほとんどありませんでした。しかし平成12年（2000年）に介護保険法、成年後見制度が相次ぎスタートし、超高齢社会と認知症の問題が誰の目にも明らかになりました。それにつれて福祉や扶養などのために民事信託を活用できないか、という声も聞かれるようになっています。このニーズの高まりを受け、ついに平成19年（2007年）9月、受託者周辺の条項を整備した新信託法が施行されて、家族信託が行いやすくなったんです。

でも、一挙には普及しません。何より、法律家が戸惑ったからです。堅固で詳細で、判例も数多く積み重ねられてきた民法に比べて、**信託法は発想がぶっ飛んでいた**からです。

例えば——

強すぎる所有権を何とかせよ！

その代表例が「**受益権**」です。

「受益権」が法律の前面に出てきたのはいいのですが、「受益権」って、民法的な発想から考えると、**所有者が誰だかわからなくなってしまう**んですよ。"**誰の物でもない財産**"という宙ぶらりんな状態が、なんとも不安定にみえて専門家たちには気持ちが悪いのです。

その点、「所有権」は明解でした。

絵に描けばさしずめ、のっぺりとした単一の円でしょう。

ここに登場するのは所有者だけ。シンプルです。

所有権の定義をウイキペディア（Wikipedia）で検索してみましょう。

「所有権とは、物を全面的に支配する、すなわち自由に使用・収益・処分する権利」と書かれています。

私は単純に、物を持っていること、それを奪われないこと、程度に考えていたのですが、ウイキの説明はかなり難解ですね。もう少し分かりやすくなるよう、ちょっと意訳してみましょう。

所有者は、所有する「物」に対して**絶対的な**権利を持っています。だからその「物」を誰かに売ってもいいし、貸してもいい。あげることもできるし、また、物を担保にしてお金を借りることもできます。さらに別の見方をすれば、物を壊すこと、いらなくなったら捨てる自由さえあります。要するに自分の所有物に対しては何でもする権利がある——ということになります。

その権利は誰にも侵害されないということも特徴です。例えば私的に公園を所有している人なら、「立ち入り禁止」という形で他人を阻むこともできる、人の行動までを制約してしまえる、という広範な権利です。こういう権利のことを民法では「**物権**」と言っています。物を直接に支配する権利です。所有権というのはあまりに強い権利なので、〈所有権絶対の原則〉は民法の3大原則の1つになっているくらいですが、「これではダメだ、何とかせよ」というのが信託法の発想です。

信託で所有権は「名義＋受益権」となる

一方、信託法の発想で「所有権」を描くと、民法の図解とはまるで違う

第4章　家族信託の本丸・受益権とは

絵になります［右］。

　黄色い円が「所有することによって得られる有形無形の利益」。その中のブルーの点線内が「名義」です。つまり信託法は、物を所有している状態を「有形無形の利益＋名義」を併せ持つことだと考えるわけです。

　「利益」と「名義」は民法の下ではもちろん一体であり、切り離せません。名義と利益の両方を合わせて、所有者のものです。これが信託法が考える〈信託する前〉の物の形です。

　では財産を信託したらどうなるのか。

　所有権は右下のイラストのように変わります。

　名義は、委託者（I）から受託者（J）に移ります（名義が変わったので色は黄色からエンジ色に変わりました）。

　所有権時代の「有形無形の利益」は、信託法に則った「**受益権**」という用語に言い換えられます。

　所有権のときには有形無形の利益と一体になっていた「名義」は、今や自由の身となり、**受益権**と**名義**は切り離されて**別々の人が持てる**ようになるのです（「別々の人が持てる」ことに大きな意味があります。これで認知症の人の財産を別の人が預かり、管理することができますからね）。そして名義を持つ人が財産を管理、処分する権限を得、一方、受益権を持つ人は、名義を持つ人に「私に利益を給付しなさい」と要望する権利を持つことになります。

ですから「名義」が抜け落ちた黄色の円は、もはや「物権」とは言えず、「**債権（人に請求する権利）**」となるのです。
　▼債権となった受益権は、契約によっていろいろな条件や制約を設けることができます。さらに名義とは完全に切り離され、**受益権は単独で動かせる財産に変わりました**。前ページのイラストではまだ受益権と名義が一体ですが、受益権はもはや移転可能な債権であり、名義とは別個に、売買や贈与の対象物になります。また受益権は分割することもできるようになります。下のイラストをご参照ください。

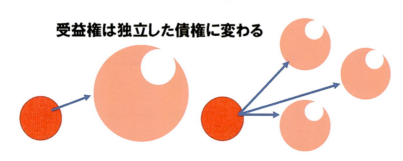

受益権は独立した債権に変わる

　さて、ここが最も重要ですが、**受益権をコントロール**するのはえんじ色の名義人、いわゆる**受託者**です。受託者が以後、委託者に代わって受益権を〈管理・運用・処分する〉権限を獲得します。
　物が民法の世界にあったときには、所有者が物に対して絶対的な権限を行使しましたが、信託法の世界では、「物」に関係する人が一挙に３人に増えます。おなじみの、**委託者**、**受託者**と**受益者**です。委託者は財産を預ける人、受託者はその財産を管理・運用する人、受益者は財産からの利益（新たに生み出された利益も含む）を得る人。

「委託者＝受益者」という大発明

　信託法がおもしろいのは、登場人物を３人にしたのに、**委託者と受益者は「同じ人」**だという点です。しかもこれが、家族信託の最もふつうにあり得る形。私はこの形が、信託の大発明だと思っています。

委託者と最初の受益者が同じである信託を「**自益信託**」と言います。

この形だと、信託した財産はブーメランのようにいずれは自分に返ってきます。名義だけは受託者に移転したままにして、受益権は自分に戻すのです。

財産が自分に返ってくる決まりだから、受託者に財産を贈与したわけでも、もちろん（いったん財産を取得した）受託者からの再贈与というわけでもありません。かくしてこの財産のやりとりでは税金は発生しません。それはいいとして、民法的な観点から見ると「財産が誰のものか」がわからなくなってしまいました。103ページで書いた「所有者が誰だかわからなくなってしまう」現象がこれです。

信託法はなぜこんなめんどくさいキャッチボールをするのでしょうか。

それこそが、この章の冒頭部分で私が書いた［**受益権は、所有権から「名義」を引き算したものである**］という意味です。信託法はわざわざ、完全無欠の物権である所有権から「名義」を切り離し、受託者に渡すのです。「**所有者＝名義人**」という民法の所有権が強すぎるからです。物と所有者を切り離せないために、人が事理弁識能力を失うと、「動かす側の意思がわからない」ということで契約が成り立たず、物は動けなくなってしまいます。典型的な例が、銀行による**預金凍結**でした。その原因は、銀行が意地悪をしているのではなく、勝手に本人以外の人が金融資産を動かしてしまうと別の問題が出てくるので、銀行が（親切にも？）"予防的に"預金を凍結していた、ということです。

凍結を解除しようとするときに、所有者の行為能力に解決を求めると、必ずこの問題に突き当たります。だから信託法は、物そのものに着目して、物から所有者の名義を取り外し、別の人に名義を付け替えることで解決する道を創出したのです。見事な発明だと思いませんか？

家族信託の原型は商事信託に似ている

こういう信託の発想はいつ生まれたのでしょうか。

よく引き合いに出されるのが、ヨーロッパ中世の騎士の話です。

十字軍に遠征すると命がけ。自分が死んだら妻子の暮らしはどうなるのか。そこで友人に荘園を託して管理を頼み、そこからあがる利益を妻に回すように頼んだ、というのです。騎士（＝委託者）、友人（＝受託者）、騎士の妻（＝受益者）、荘園（＝信託財産）。ありそうなエピソードですが、信託の３当事者をこのような例に当てはめると、いきなり「**他益信託（委託者でない者が受益者になる信託）**」となり、信託の典型からは外れてしまいます。

この例を引くくらいなら、**商事信託**を持ってきた方が家族信託の解説には向いているように思います。

下のイラストでは、お客さまがあなたです。**あなたは委託者兼受益者**。この場合の受益権は「配当」を受け取ること（収益受益権）と、元本を受け取れること（元本受益権）の２つ。**受託者は証券会社**です。

委託者が商品を購入（実は信託契約をして現金を信託財産として証券会社に託している）➡証券会社はお客さまから獲得した現金（信託財産）を

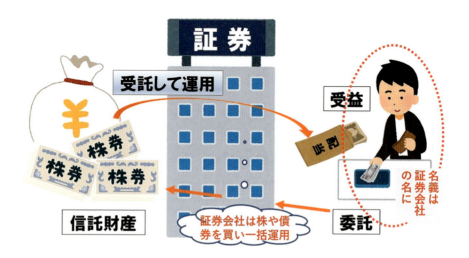

信託口口座にまとめて管理、運用、処分する（お客さまの個々人の名義で株などを売買するのではなく、「〇〇〇証券信託口」として行動している）
➡受益は定期的に「配当」等として受益者に給付。

　この方式は、お客さまの側に「信託した」という実感はないものの、"金融商品"として、世間では完全に定着しています。

　投資信託は商事信託と言われますが、実際の形態は家族信託の「自益信託」とまったく同じ構造です。違いがあるとすれば、証券会社の場合は、あまりに多くのお客さま（委託者兼受益者）を抱えているということでしょうか。個々の売買に応じている限り、好き勝手な金融商品が取引され、お客さまを多く集めているという「数の優位性」を活かすことができません。そこでお客さまの受益権を信託口にまとめ、「〇〇〇証券信託口」として巨額を有する大口の取引当事者として立ち居振る舞いをするわけです。

　信託では必ず「信託目的」が問われ、受託者はその目的から逸脱することはできません。投資信託はあらかじめ「目論見書」の形で投資判断に必要な重要事項をお客さまに説明します。ハイリスクハイリターン型か、ローリスクの長期運用型かなどが説明されるわけですが、それが事実上の「信託目的」になります。

「人を頼みにする」という発想も大事です!!

　中世の騎士の話からいきなり現在の投資信託が出てきて、面食らったでしょうか。信託のことを皆さんは「なじみが薄い、よくわからない」とおっしゃいますが、実際にはこの日本でも［商事信託］の形で十分に普及している、ということを言いたかったのです。

　ここまで受益権の解説ですから、委託者を意識して書いてきました。すると「受益権は、自分で考えて判断する部分がなく、みな受託者にやってもらって利益をもらうだけなんだ。醍醐味に欠けるなあ」と思った人もいるかもしれませんね。もっともな感想だと思います。しかしここはもっと

冷静に、戦略的に考えていただけないでしょうか。

はっきり言って、**人間は誰でも、自分のお金を他人に任せて安心**、などと考えはしません。成年後見の問題を私がこれほど問題視するのは、法律のプロやさまざまの専門家たちは、どうもこの基本的な人間心理をわかっていない、と思うからです。

自分は年を取ったらボケるかもしれない。その確率は4人に1人、あるいは3人に1人ですよとおどされる。しかしそんなことをいくら聞かされても、じゃあ今のうちに財産は子に預けよう、信頼できる専門家に任せよう、なんて人はいません。本当にいないんですよ。

自分の財産に手を突っ込まれることは嫌悪の対象です。そこが成年後見の難しさだし、私が代替案としてすすめている家族信託の難しさでもあります。みなさん、手遅れになりかけなければ行動を起こしません。そして言います。「もっと早くここ（私の事務所）に来ればよかった」と。

その通りです。周到に老後のことを計算して、早めに行動すればできることはたくさんあります。しかし認知症が進んでしまった後は、選択肢は2つしかないんです。成年後見を頼るか、それとも何もしないか、という追い詰められた選択です。

そうなる前に考えてください。お金を人に預ける（託す）のはいやだと思う、それはそうでしょう。でもあなたは投資信託なら平気で買うじゃないですか、証券会社にお金を託しているじゃないですか。有価証券の運用は向こうの方がプロだから、というより、「お金は自分に戻って来る」と信じているからでしょう？

同じことです、家族信託をしても、お金は自分に返ってくるんです。生涯お金は受託者が管理してくれ、必要なときに必要なお金が得られるのです。使い切れないで終わったお金は、遺言のように、自分が決めておいた人に渡すことまでが保証されています。

歳を重ねるごとに自分の力は落ちていきます。本当に無念で、かつての自分からは考えられないことですが、頼みにしてきた自分が、一番"頼り

にならない存在"になっていきます。それが想像できるかどうかです。70歳を超えるあたりで一度、この問題を真剣に考えてみていただけませんか？ 家族の中に「頼りたい人」がいるとしたら、それはとても幸せなことだと思います。

委託者の当初の意思が"凍結"される

この章のここまでのテーマは、「名義」というエンジ色の円が欠けていると財産（受益権）はどうなるのか、という話でした。答えは「委託者が財産の管理者から外れ、名義を受け取った受託者が新たな管理者になる」でした。信託契約を結び受託者に財産を引き渡すと、受託者が財産管理の主役になるというのが、家族信託の1番目か2番目に位置する重要機能だと思っているのですが……。もうひとつ、家族信託には欠かせない機能があります。

委託者の当初の意思が"凍結"される――という機能です。

委託者は財産の持ち主ですから、もちろん信託当事者の中でも重要人物です。ところが信託が始まると「委託者」の役割はほとんどありません。当初の受益者でもありますから、受益者としては受託者を監視したり、受託者と協議して信託契約の内容を変更するなど、重要な役割は残っています。しかし委託者としての役割は、契約書作成当初に「信託目的」を作ったことを除いて、存在感は希薄になっていきます。

ところがです、この信託目的こそが家族信託契約書の最重要条項なんですよ。受託者の任務は、すべてこの「信託目的」を順守することで進みます。受託者は信託財

産の管理者であり、運用を任され、処分まで行いますが、信託目的に反したり、信託目的を害するような行為は、することができません。

また信託の受託者は、受益者のために管理や処分その他の行為をしなければなりません。この点、所有者は自分のために自由に財産を処分できたことと大違いです。信託法にはこんな条文があります。

「受託者は、受益者として信託の利益を享受する場合を除き、何人（なんぴと）の名義をもってするかを問わず、信託の利益を享受することができない〈第8条〉」

受託者は自分の欲得で信託を管理してはならないということです。順守すべきは、**委託者の描いたシナリオ。つまり「信託目的」に沿ってのみ、信託事務を果たすことができる**、です。

それは委託者が亡くなり、受益者が次の人に代わっても、変わりません。だから信託目的は、（受益者の交代を前提にした信託の場合は特に）委託者のことだけでなく、後継の受益者のことまで考えて練りに練る必要があります。いずれにしても委託者の意思は、信託が終了し、**残余財産**を**帰属権利者**に引き渡すまで、続きます。

信託をする目的、契約書の内容によりますが、家族信託は単に委託者の生前の安全と安心を守るだけでなく、**委託者がそうしたいなら、受益者ごとに受益の内容を変えたり、代々の承継者を決めておくなど、遺言以上の拘束力をもって、将来に向けて継続的な影響力を及ぼすことができます**。

まさに「**委託者の当初の意思は"凍結"される**」のです。

委託者が望めば代々の承継者まで決められる

「委託者の意思凍結」の効果がどんなに大きいかは、**後継ぎ遺贈の問題**を考えればすぐにわかります。

「後継ぎ遺贈」とは遺言でたまに見かけるのですが、「私が死んだら先祖代々のこの土地はAに相続させる。Aが亡くなったらBに、Bの死亡後はCに……」というように、財産の承継を、すぐ次の人だけでなく、「次

の次、またその次の人」まで決める代々承継です。

　これが民法の下では認められないというのは、所有権のことを考えれば当然でしょう。遺言者の財産はＡが相続すれば、Ａが完全な所有権を獲得し、その先の承継を決めるのはＡということになりますから。

　ところが、債権である受益権としてなら、遺言でできない跡継ぎ遺贈のようなことを、いとも簡単に実現することができます。信託目的に委託者の思いとして「先祖代々の土地を委託者の直系の者たちに順次承継させること」と書き、契約書の後半で「次の受益者はＡ、Ａが死亡したらＢ、Ｂが死亡したときに信託は終了し、残余財産は帰属権利者Ｃが受領する……」などと書いておけばいいのです。

　このケースの変形としては、遅く結婚した娘に信託金融資産の半分を遺したいが、病気がちの娘が夫より先に他界すると、浪費家の夫に相続されてしまう。そうならないように、娘が万一夫より先に亡くなるようなことがあれば、娘に承継する財産の残りすべてを弟の○○に承継させたい──などという場合にも応用できます。

　上記の家族信託で使っている機能は、①委託者の意思凍結機能と、②受益権を債権化する機能、の２つです。これらの機能を使うことで、家族信託では遺言以上にさまざまな承継を実現することができます。その具体的な例は、第６章でケーススタディーとして紹介する予定です。

Ⅱ 実際に受益を得るとは、どういうこと？

　ようやく「受益権」の説明ができましたが、実際の受益権の中身については触れてきませんでした。「管理権限を受託者がもっている財産」とは具体的にはどんな財産なのか、この章の最後にそのことを書いておきたいと思います。代表的な受益権の内容は以下の通りです。

給付されたお金の使い方は自由
　金　銭

　まずお金です。家族信託でよくある例でお話ししましょう。委託者が自分の預貯金を解約して現金にして、2000万円を信託財産として老後の生活の安定を求めたとします。受託者は、（委託者兼受益者と協議したうえで）その中から毎月15万円を給付します。受益者に給付されたお金を、受益者は自由に使うことができます。いったん給付されたお金は完全に"自分のもの"で、使い方について受託者に相談したり、許可を求める必要はありません。お金の場合、受益権はこのように目に見える形で受け取ることができ、受け取った後はふつうのお金になります。

　しかし信託財産の管理権は受託者が握っていますから、信託目的に書かれていない限り、受益者が受託者に「車を買うから300万円支給してくれ」とは言えなくなる、という意味で一定の制約がないわけではありません。

　受託者も委託者も、信託目的に拘束されるのです。だからこそ信託の契約書を作るときには、委託者と受託者、その他の家族も含めて今後のことをよく相談して信託目的を"設計"すべきなのです。「老後の生活の安定のために使うこと」とありますから、一時的に巨額のお金を給付することは難しくなりますが、「部屋のバリアフリー化に支出できる」と書いておけば、居宅リフォームのために100万円単位の支出も可能になるでしょ

う。

住み続けることも受益権
> 自　宅

　分かりにくいのは、委託者が自宅を信託財産とした場合です。

　委託者は、自宅に信託後も住み続けます。生活は信託前と全然変わらないわけですが、委託者は当初受益者として「自宅という信託財産から"自由に住み続ける"という受益を受けている」ということになります。自宅の登記上の所有者は受託者に換わっていますから。

　当面の間、自宅を信託した意味はほとんどありません。しかし、委託者の心身の状態が悪化して介護が始まる頃になると、信託した意味が出て来るようになります。「自宅を売って介護費用に回す」という信託目的が、いよいよ日の目を見るからです。信託契約は、家を売りたいときには委託者（兼受益者）が事理弁識能力を失っているかもしれないことを想定して作ってあるわけです。自分では契約ができない委託者に代わって、名義を得た受託者が業者と交渉し契約を結びます。売却して得たお金は信託財産に組み入れ、受益者の施設入居費用や療養費として使うことができます。

収益受益権と元本受益権がある
> １棟の収益マンション

　委託者兼当初受益者：A
　A死亡後の第２受益者：妻Ｂおよび子で受託者のＣ
　帰属権利者：孫Ｄ
　信託財産：１棟の収益マンション
　という家族信託契約で説明します。

　受益権は２つあります。
　受益権甲：マンションの建物と敷地（**元本受益権**）

受益権乙：賃料収入毎月180万円（**収益受益権**）

　Aは亡くなるまでマンション最上階に住み続け、収益受益権すべてを受け取ります。受け取ったお金は自由に使えます。Aが亡くなったとき、第2受益者Bは元本受益権の全部と収益受益権の2分の1を承継、同じく第2受益者Cは収益受益権の2分の1を承継します。

　Bが亡くなると、Bの受益権はすべてCに移転します。（受益権の分け方は民法の法定相続分などの観念にこだわることはありません。また法定相続人のみに分ける必要もありません。まったく自由に決めればいいのです）

　さて、Bが亡くなったときにCが上記のような承継をすると、受託者が単独で受益権の全部を得ることになりますから、1年たった時にこの信託は自動的に終了します（信託法第163条2号）。この場合、帰属権利者のDは何も承継しません。

　このような事態は、ちょっと考えれば想定できることです。ですから信託を終わらせたくないなら、あらかじめ工夫を講じておくべきでしょう。例えば、収益受益権の一部をDに得させれば「受託者が単独で受益権の全部を得ること」にはなりませんので、信託は継続できることになります。

信託の終わり方までち密なシナリオを

　第2受益者B死亡後の第3受益者：CおよびD

　残余財産受益者：D

　上記の信託が終了した時に、信託財産の全部を受け取る残余財産受益者にはDを指定しておきます。

　信託をどう終わらせるかは、契約書の書き方次第です。相続のように、Cが死亡した場合にDがマンションそのもの（元本受益権と収益受益権の全部）を取得することが第一の案。C存命中に相続税対策もしておきたければ、元本受益権は早めにDに引き継ぎ（贈与税が発生します）、収益

受益権をＣ死亡後に残余財産として受け取る――これは要するにマンションを現状のまま引き継ぐということ――も可能です。

　家族信託により、民法の下ではできなかった複雑な承継ができるようになりました。例に出した収益マンションの場合、家族信託による財産承継は合理的で、かつ効果的です。しかし、これを実行するには、信託契約書を作る段階で綿密なシナリオを作っておかなければなりません。場当たり的に、その都度、状況に合わせて変えるようなことはできませんから、ご注意ください。

　また、承継の仕方によっては相続税などの額が変わってきますから、専門家と相談すると同時に、税務当局から正しい見解を聞いておくことも必要です。

　受益権については、「第2受益者以降の受益者にとっては、財産を受益権でもらうと不利にならないか」という重要な論点が残っています。

　例えば委託者Ａが死亡後、自宅などの信託財産を後妻のＢを受益者にして承継、Ｂ死亡後の受益権をＡの長男Ｃにして、直系の者に財産を戻すような場合です。Ｂに相続人（例：Ｂの連れ子）がいた場合、当然に「自分が相続できる」と思っていた財産が思うようになりません。Ｂにも相続人にも不満が残るかもしれません。

　この論点は非常に重要なので、第3部第7章第Ⅳ節「後継ぎ遺贈型受益者連続信託（209ページ以降）」で詳しく解説したいと思います。

信託の2大障壁、解消
受託者用通帳と家族信託用証券口座の登場

　家族信託で最も説明するのが難しい「受益権」について、一通り解説ができたので、事例紹介にいつでも入れるようになりました。しかしその前に、家族信託2つのアキレス腱についてお話ししたいのです。

I　家族信託に見向きもしなかった業界が変化

　2つの"アキレス腱"とは──
　❶「受託者用の通帳」を銀行が作ってくれないという問題と、❷「証券口座が信託に対応していない」という問題です。
　家族信託は、委託者の財産を受託者が名義を変更するなどして行う財産管理手法ですから、受託者が自分の財産とごちゃ混ぜにして管理したら大変なことになります。ですから、受託者が分別管理できる通帳がどうしても必要でした。ところが銀行の大半がこの通帳に対応していません。
　証券業界も同様です。
　株や投資信託、債券の運用をしている高齢の顧客は少なくありません。私がこの1年間で知り合った人の中でも、1億円前後を運用している"株

"好き"の方が数人はいらっしゃいます。戦中派（団塊の世代より年上）の高齢者は、昭和4、50年代の高度経済成長期を通ってきたためか、いまだに証券指向が強いようです。

しかしこの世代が今や、認知症問題の真っただ中にいます。それで日本証券業協会が「ガイドライン」を策定して「高齢者との取引」にきめ細かく注意を払うようになってきているのですが、解決のための妙薬になると思われる「家族信託証券口座」には見向きもしてきませんでした。

その流れが変わろうとしています。受託者用通帳を作る銀行が現れ、家族信託に対応する証券口座を開設する証券会社が登場したのです。

三井住友信託銀行が先駆け!!

みなさんの「受託者用の通帳」についてのイメージは、こんな感じではないでしょうか。

委託者Sの元々の通帳、S通帳があります。Sと受託者Tが家族信託の契約を交わします。その契約書とS通帳を持ってTが銀行に行き、交渉すると、銀行はS通帳の中身はそのままにして、その名義を「T通帳」に換えてくれる。

ああ、それが実現したらどんなに良いことでしょう!!

でも、日本国中探しても、そんな対応をしてくれる銀行は1つもありません。預貯金債権には「譲渡禁止特約」が付いていますから、はじめから無理です。さらに受託者が出向いて信託契約書を見せると、契約書を信じてSの"本人の意思確認"を待たずに通帳を「T通帳」に切り替えてくれるなら、預金凍結の話は一瞬で解決します。

無論、そうはなりません。

17ページで書いたように、Sの金融資産を信託財産にしたいなら、まずS自身が定期預金を解約するなど"動かせるお金"にしてから、銀行の窓口で受託者Tの通帳への振込みを指示しなければなりません。

今話題にしているのは、Sが振込先とする受託者Tの通帳です。行員に「Sからもらった」とか「Sをだまして振り込ませている」と思わせないよう、「信託」の名がつくか、委託者・受託者の名が併記されているような通帳を私たちは作りたいわけです。

　このような通帳を、どの銀行も作りたがらなかったのです。家族信託を実用化させた信託法の改正施行は平成19年（2007年）です。それから11年たつのに、金融機関の家族信託への理解は進んでいません。
　法律を作る以上、法がきちんとこの辺の問題をクリアする方策を準備してくれていればよかったのですが、その点、信託法はあいまいで、条文のどこにも「**信託財産の金銭を受託者専用の通帳で管理せよ**」、とは書いてありません。
　その結果、どの銀行も民事信託に関心がわかなかったようで、受託者専用通帳を作るという動きにはなりませんでした。そのあおりを受けて、信託契約書を作ったのはいいけれど、銀行が受託者用の通帳を作ってくれない、という困った現実に向きあうことになりました。
　私が最初にその壁にぶつかったのは、つい3年前のことでした。そして最近まで、厳しい"戦い"は続いたのです………。
　それが一気に解決したのは、一昨年（2016年）5月から三井住友信託銀行が「民事信託口座」を開設し、少しずつ周知が進んできたからです。口座名称を正確に書くと〈「**民事信託の受託者名義**」による**普通預金口座**〉。
　このインパクトは、私の中では絶大でした。

信託法に「通帳」についての記述はなし

　銀行との交渉に苦戦していた当時の私の成功率は、それでも7割くらいでした。交渉力や熱意でなんとか「委託者○○○○　受託者△△△△」、あるいは「信託受託者△△△△」といった名称の通帳をつくることに成功したのですが、大手都市銀行や農協、労働金庫等の壁は厚く、あきらめざ

るを得ないこともありました。支店に直談判すると、窓口や課長クラスには必要性を理解してもらえるのに、本部に話を上げると、ほぼ確実に「ノー」の答えが返ってくるのです。

「なぜなんだ！」怒りを込めて、信託法をもう一度読み返しました。

信託法34条は「分別管理義務」とうたっている条項です。それが分かりにくいんです。「それぞれの財産は、このようにして分別管理しなさい」という条文のはずですが、肝心かなめの財産名（不動産とか現金とか著作権とか……）が書いてありません。

そこで信託法の原文に、自分で財産名を追加して一覧表にしてみました。条項の意味はこうなります――

> ◎信託法第34条が示す「文別管理」の方法
> ▼不動産＝所有権移転の登記（第三者への対抗要件として必要）と信託の登記（これは「義務」として但し書きしている）
> ▼登録できる財産（自動車や船舶、特許権・著作権・商標権・意匠権・実用新案権等）＝登録する。
> ▼金銭以外の一般の動産、株券発行会社の株式＝外形上区別がつくようにして保管する。
> ▼金銭＝計算を明らかにして管理する。
> ▼非上場の自社株式等＝記載や記録した上で、計算方法などを明らかにして管理する。
> ※波線は石川が財産名を追記しました。

不動産については、所有権の移転と信託の登記をダブルで行うこと、登録できる財産については受託者名で登録しなさい――と意味が明確に読み取れるのに、お金については「計算を明らかにしなさい」で終わり。むき出しの現金のまま信託管理をする受託者はほとんどいないと思われるのに、**管理用の通帳については「つ」の字の記載もない**のです。

『これでは銀行が家族信託用の通帳をつくろうとしないわけだ』と思いました。

さらに『（通帳作成を）義務付けていないから、（銀行の）関心が家族信託に向くわけがない』とも感じた次第です。

契約書を作成する実務家としては、これでは困るんです。肝心かなめのお金の管理が、正々堂々、正しく行おうとしてもそのツールがない！というわけですから。信託は何年も続く契約なのに、分別管理をしている証拠が帳面だけだなんて。税務署に突っ込まれたとき、どう説明すればいいの？

《信託法よ、本気でやる気あるのか⁉》

と言いたくなりました。

「信託受託者」がわかる通帳‼

その意味で、三井住友信託銀行の「受託者用通帳」はスゴイ、と思います。

三井住友信託銀行で「受託者用信託通帳」を作ってもらうための条件は、

❶ まず、専門家が家族信託の契約書を公正証書で作成すること。

❷ 公証役場に契約書の監修を依頼する前に、契約書の写しを同行に提示して事前確認を受けること。

❸ おおむね3000万円以上の取引が見込めること。

つまり、しっかり作られた契約書があれば受けてもらえる、ということです。

受託者用の信託通帳の名義は［**委託者名　信託受託者　受託者名**］となります。上の通帳は私がダミーとして作った通帳です。［石川春子　信託受託者　石川秀樹］という名義になります。1行では入りきらないんですよね。この通帳のキャッシュカードも作ってもらえます。その名義は［イシカワ　ハルコ　シンタクジ（字数の制約があり尻切れ）］。共に受託者の名前が入っており、通帳とカードは受託者が持つことになります。今のところ、残念ながら、インターネットバンキングには対応していません。

同行はゆうちょ銀行やセブン銀行などと提携しているので、提携先のATMでも入出金は可能です（ただし「通帳記入」はできません）。

受託者のアパートローンもOK
「民事信託口座」のメニュー
- 受託者用の普通預金➡これで分別管理が安心してできます。
- 受託者用の定期預金
- 受託者が委託者に代わって運用する**投資信託**
- 同じく投資一任運用商品
- **アパートローン**➡補修費などとして使えます。➡信託の受託者が銀行等とローンを組むのも家族信託の難関の一つですが、同行の場合は物々しいやり取りは不要で、通常レベルの手続きで受託者がローンを組むことができます。

差押えられず、受託者の相続財産にもならず
民事信託口座のメリット
- なにより大きな意味があるのは、通帳の名義に委託者・受託者名が明記されていますから、**第三者に対して「信託財産」であることが明示できる**、ということです。➡債権者の引当期待をけん制できます。
- 信託財産の独立性が保てます。
  ①　差押え等がされない（∵受託者の固有財産として名寄せされないの

で、裁判所からの差押命令・保全処分命令の対象にならない）
② **破産財団として扱われない**（：受託者個人に対し破産手続開始決定通知が裁判所から銀行に届いても、破産財団を構成するものとして扱わない）
③ **受託者の相続財産として扱われない**（：▼受託者が死亡しても、受託者の相続財産として取り扱われない。▼受託者死亡時に後継受託者が定められており、後継受託者の届けが出されれば口座の凍結はなく、財産は後継受託者にスムーズに引き継がれ取引が続けられる）

銀行は、受託者の項目に注目している

最後に、三井住友信託銀行は家族信託契約書の「何に着目して確認するか」について触れたいと思います。この点に関し、同行は一切公表していませんが、私の経験から推測しました。

> **同行の確認のポイント**

- 信託財産の中に譲渡禁止財産（例：通帳）が含まれないこと。➡専門家でも勘違いしている人が多いですが、預貯金通帳には譲渡禁止特約が付いていることは119ページに先述した通り。ですから信託財産として「○○銀行△△支店の口座番号1234567の通帳」などの記述は無意味です。信託財産とする場合は、通帳をいったん現金化して、信託財産に入れる金銭の額を表示することになります。
- 後継受託者の定めがないもの。➡受託者は人間ですから、死亡、認知症発症の恐れは常にあるわけで、後継受託者を決めておくことは必要です。（受託者不存在が1年継続すると信託は強制終了となります。なお、受託者は日本国内に在住していることが条件のようです）
- 受託者が、著しく過大な受益権を得ないこと。➡超高額報酬も不可。家族信託は親子が委託者・受託者となるケースが多く、利益相反になりがちです。委託者の財産が受託者に野放図に流れるようだと、委託

者の安全が損なわれるからでしょう。
- 受託者が受益者代理人を解任・選任できる条項となっていないこと。
➡信託は受益者が受託者の行為を監視するのが原則です。受益者が事理弁識を失ったときには受益者代理人がその任務を引き受けます。その大事な代理人を受託者がいつでも差し替えられ、監視を免れるようでは、委託者の安全は風前の灯火となります。
- 遺留分を侵害していないこと。➡残余の信託財産を帰属権利者に引き渡すときに遺留分の侵害があると、紛争になる恐れがあります。銀行は、スムーズに財産を引き渡せない事態を嫌います。
- 受益者指定権や変更権を士業が有すること。➡受益者を指定、変更するのは委託者の権利です。それを外部者の士業が行ったのでは混乱必至（委託者と長年の友人であったりすると頼まれる場合があるかもしれませんが、自重すべきです）。士業は受託者にもなれません。

　三井住友信託銀行に限らないと思いますが、銀行はお金の流れのあいまいさを嫌います。いつ、どんな理由で、誰に、何が引き渡されることになるのか、その点が明確になっていない契約書では同行に受託者用の口座を開設してもらうことはできません。家族信託は、委託者の判断能力はいずれ落ちてくることを前提にして作られることが多いですから、あまりに受託者の権限や自由裁量できる部分が大きいと"危ない信託"になりかねません。
　そういう信託契約のための口座は作りません、というのは銀行の良識ですが、この姿勢は大いにうなずけます。
　銀行のチェック姿勢は、拝聴に値します。

Ⅱ　銀行が受託者通帳を作ってくれない時の対処法

　三井住友信託銀行が、受託者が信託財産を管理するための通帳を作ってくれるようになった、とご紹介しました。しかし他の銀行の"信託通帳（信託口座）"への姿勢は、相変わらず消極的です。地方では信託銀行はそれほど設置されていませんし、「3000万円以上の取引が見込めること」が口座開設の一応の目安とされるということも、"壁"と言えばカベです。また信託契約の内容が同行の基準に合わず、断られるということもあり得ます（例：後継受託者の定めがない）。こうした場合、家族信託をあきらめなければならないのでしょうか。

通帳なしの管理では不十分

　そんなことはありません。信託法の分別管理義務の中に「通帳」に関する記述はなく「計算を明らかにする」としか書いてないのですから、簡便な帳簿を付けておけば足ります。
　通帳を使わない管理法もないわけではありません。
① 　委託者の現金を押し入れの金庫にでも入れておき、出し入れの際に必ず帳簿に記入する。
② 　自宅に置いておくのが不安なら、金融機関の貸金庫に現金を保管し、毎月定期的に一定額を取り出し、委託者（受益者）への給付に充てる。帳簿に記入は忘れずに行う。
　原理的に、このような方法で行えなくもなさそうですが、印字された数字という"証拠"が残らないのは重大な欠陥のように思えます。
　というのは、信託通帳の要件として123ページで書いたように、▼差押え等がされない、▼破産財団として扱われない、▼受託者の相続財産として扱われない——ことが絶対の条件だと思うからです。相手方がわかってくれなければ裁判になるかもしれません。その場合に「しっかり帳簿を

つけてあります」だけでは、弱いのではないでしょうか。

決済用普通預金口座は"切り札"になる！

　というわけで、常識的に考えると、委託者名義の通帳のまま信託を行うことは事実上不可能です。ここはどうしても「受託者名義の通帳」にお金を移すしかありません。

　そこで私は、<u>決済用普通預金口座</u>を使うようにしています。

　決済用普通預金とは──ペイオフという言葉をご存知だと思います（1銀行1000万円まで預金が保証されるという制度）。2005年4月のペイオフ解禁範囲拡大後は、預金保険法が定める「無利息・要求払い・決済サービスを提供できること」という3つの要件を満たす預金のみが"全額保証"の対象になりました──これがいわゆる「決済用普通預金」。簡単に言えば**無利息型の普通預金**です。

　家族信託は長期間続きますからね、全額保証のある通帳でないと、今後、経済混乱が万が一にも起きた場合、1000万円しか回収できないとなると痛手が大きすぎます（老後資金の中核ですから）。この預金の欠点は「無利息であること」ですが、この頃の定期預金の利率は、高い方でも0.2％～0.1％くらいですから、100万円を預けても年間2000円～1000円程度の利子しか付きません。安全には代えられません。

信託契約書に口座番号まで明記しておく

　前ページの通帳は、私がこの本を書くために近くの信用金庫で作った**決済用普通預金通帳**です。元々は総合口座の通帳ですが、普通預金の部分だけ無利息になり決済用普通預金通帳として機能します。"変身"した証拠は「無利息型普通預金」のラベルを貼っただけ、という簡便さです。窓口で言えばすぐに作ってくれます。

　しかし銀行に普及度を聞くと、「めったに希望されるお客さまはいらっしゃいません」とのこと。でもこの"人気のなさ"が私の狙いでもあります。希少な通帳で、何か"特別観"が出てきませんか？

　赤い枠でくくった文字は手書きしました。元々は「石川秀樹」のみが印字されています。これも工夫の一つ。狙いは税務署です。

　［石川〇〇〇　信託受託者　石川秀樹］という名義の書き方は、三井住友信託銀行の例をなぞりました。家族信託の契約書に、信託財産の管理法として、▼金銭管理については決済用普通預金口座を使うこと／名義は「石川秀樹」だけれども、手書きで［石川〇〇〇　信託受託者］の文字を入れること／そして、銀行名・支店名・口座番号まで書いておきます。

税務署にも信託したことを伝える

　家族信託をするとき、委託者の通帳からお金を引き出し（委託者が行う）そのお金を受託者の通帳に振り込みます。どこから見ても「贈与」にしか見えないはず。税務署はその気になればすべての通帳の動きを把握できますから、100万、1000万円単位のお金の動きに何か言ってくる可能性があります。その場合でも、契約書があり、適正に委託者の金銭を管理していれば「贈与」とみなされることはありません。

　後日疑いをかけられないよう、税務署には信託契約書のコピーを付けて簡略な説明書きを送付しておくことがベターです。また決済用預金口座を作る際に、「母のための家族信託を行うので、受託者が管理する通帳として使います」と銀行に説明しておくと、その後の銀行との関係がスムーズ

になります。

自信をもって「信託通帳の代替になる」と言える

　先ほど、▼差押え等がされない、▼破産財団として扱われない、▼受託者の相続財産として扱われない——ために、（現金で管理せず）受託者用の通帳がやはり必要、と書きました。では決済用普通預金通帳を使えば"特別観"があるから、三井住友信託銀行の民事信託口座の通帳のように万全にガードされるのか、というと、その保障はありません。

　民事信託口座の場合は、銀行が外に向かって「これは民事信託の通帳であり普通預金とは違う。銀行としては、差押、破産、相続に関し受託者固有の財産とは別個の口座として管理している」と明言しているから、外部（債権者や相続人）からの要求をはねつけることができるのです。

　この点、決済用普通預金通帳については個々の銀行がガードをしてくれるわけではありません。しかし、契約書に明確に特定した口座で管理し、その管理方法が信託目的にかない、個人流用などの不正をしていないならば、通帳を見せ、帳簿を見せて説明すれば、「信託通帳というのは見せかけで、これは受託者個人の財産だ」と言い張る人がいたとしても、問題なく一蹴できるし、裁判でも勝てます。

　その意味でこの方法は、三井住友信託銀行の信託口座の代替案になります。

Ⅲ 「株や投資信託はもうやめて！」を実現

　成年後見と家族信託を比較した第2章で少し触れたのですが（41ページ）、つい先日まで私は、「"株は、もうやめさせて問題"は家族信託では解決できない」と思っていました。証券会社については「借名口座問題」があり厳しい目が注がれているため、委託者（S）の代わりに受託者（T）が株式等を運用するなんて、考えられるわけがない、と。外形的にはTがSの口座を借りて運用しているとしか見えませんからね。
　だから、こと証券業界に限っては「家族信託の手法を使って高齢者の株取引問題を落着させるのは、無理」とあきらめていたのです。
　一方、家族信託の相談では「88歳の父が、1億円を超える株取引を今もやっていて、しかも先物取引にまで手を出している。気が気じゃありません」「母は昔から株好きで、今はその配当を生活費に回しています。取引は証券会社の言いなりみたいだから心配」といった、ご家族側からの不安の声を、実によく聞きます。
　家族は、親の証券投資については、即刻やめてもらいたいのです。会社のいいなりは困る。判断能力の低下に付け込まれて"しこった株"を買わされてはかなわない。取引するときはせめて家族に声掛けしてほしい、できれば代わりに私が口を出したい……。
　それなのに「口座を凍結するなら成年後見人を……」と証券会社にかわされる。**銀行とは逆の"凍結"問題**です。
　何しろ取引金額が大きいですからね、それが（本人に代わって家族が）運用することはおろか、止めることさえできないというのは、家族にとっては大問題です。
　大げさでなく、銀行が受託者用通帳を作らないことと、**証券会社の"やめさせてくれない問題"**は、家族信託の普及を阻む2大障壁でした。

野村証券が「家族信託口座」を開設!

　これが野村証券、エース証券の家族信託口座開設で、一挙に解決しました。驚きの展開です! やればできるんですね。2018年一番の大ニュースだ、と私は思いました。

　それほど切実だったんです! この問題は。高齢の親が生きがいのように、半ば習慣のように、手の内に入れて離さない何千万円級のお金に、家族はなんら影響力を持つことができなかったのが、これからは一緒に考えることができるというのですから。

一代限りの自益信託が基本

　証券会社の「家族信託口座」とはどんなものでしょうか。

　イラストをご覧ください。「家族信託口座を作ってほしい」と申し入れるのは、元々この証券会社の個人口座で運用を続けてきたお客さまです。その人が「**委託者兼受益者（S）**」になります。つまり**自益信託**。そして野村証券の場合は、**委託者死亡により終了となる一代限りの信託**であることが基本です。

　※エース証券の家族信託口座については、「一代限り」の縛りはありま

せん。ですから、例えば家族の中に重度の知的障がいをもっている人がいて、自分の死後、長年の投資で得た財産をその人に受益権として渡したいとの希望をお持ちの場合（いわゆる「親なき後の問題解決信託」）、エース証券なら対応が可能となります。

　受託者（T）は2親等内の親族であることが条件。配偶者か子、または委託者の兄弟姉妹かに限定されることになります。
　もう一つ条件があります。受託者は必ず野村証券に口座を持っていなければなりません。つまり委託者・受託者・家族信託という、3つの名義が同社に存在することが必要です。ただこれは、株式等の**受け渡しについては口座間の移管による**というのが証券界のルールですので、致し方のないところでしょう（相続の場合でも、父のA口座を子Bが相続する場合、Bは証券会社に口座を新規開設して上場株式等を移管させることになります）。
　イラストのように、委託者の口座から株式等を家族信託口座に移管して家族信託はスタートし、以後は受託者が証券会社とやりとりをして取引を行います。株式等を売却したときの売却代金は家族信託口座にプールされ、そこから受託者が委託者のために出金する場合は、野村証券に書類を提出して手続きを進めます。
　株式の配当は信託口の口座に入ります。

口座名は「家族信託　（受益者名）口」

　委託者が静岡太郎、受託者が静岡一郎の家族信託口座で考えてみましょう。家族信託口座の名義は「家族信託　静岡太郎口」という信託口口座となります。受託者の静岡一郎が証券会社に指図をして家族信託口座で運用し、配当等が静岡太郎の受益権となります。株式等の元本は委託者本人の財産である、という考え方です。
　以上のように書くと、救われるのは当初から野村証券の顧客である人だ

け？　という疑問がわいてきそうですが、そうではありません。他社で証券口座を持っている人も、野村證券に委託者と受託者の口座を開き、家族信託口座を開設すれば、今まで取引してきた株や商品をそっくりそのままの形で野村証券の家族信託口座に**移管**することができます。

　（例：A証券に静岡太郎が個人口座を持っている場合。まず❶野村証券に静岡太郎・静岡一郎・家族信託の口座を開設➡　❷静岡太郎がA社から「振替依頼書」をもらい記入➡　❸A証券が野村証券に静岡太郎の個人口座内にある株式や投資信託を野村証券の静岡太郎口座に移管➡　❹さらに野村証券が静岡太郎個人口座から「家族信託　静岡太郎口」に移管➡　❺静岡一郎の指図により家族信託口座で有価証券の取引が"再開"――という段取りになります）

　銀行預金のように、通帳から一度現金をおろして受託者名義の通帳に預け直す、ということはありません。何年も前から所有している上場株式を売って買い直したりすれば、前後の価値は全く違うことになってしまいますから「移管」という手続きが用意されているのです。

他社から株や投信を移管するのは難事業!?

　野村証券とエース証券に家族信託口座が開設されたことで、家族の不安の大きな部分が取り除かれると思います。

　両社で委託者が家族信託口座を開くには、証券会社との手続きとは別に、公正証書で別途、**家族信託契約書を作らなければなりません**。両社ともその契約書を事前にチェックして口座開設の可否を決めることになります。この点は、三井住友信託銀行の信託用口座開設の時と同様です。

　もうひとつ、大事なことをアドバイスしておきます。
　「**他社から移管することの難しさ**」についてです。
　委託者の証券口座を家族で守ろうとすると、現状では、野村証券またはエース証券での取引に切り替えるほかありません。両社に口座をお持ちで

ない委託者の場合は、今までの証券会社と"縁切り"をして口座の取引分をそっくり２社のどちらかに移管するということです。

　これは思っているよりエネルギーのいる"仕事"です。既存の証券会社から強い"抵抗"を受ける可能性があります。なぜなら、金額が大きいからです。5000万円や１億円を超える証券口座を他社に移管されたら、担当者や支店長は目の色を変えざるを得ません。いきなり取扱高がゼロ円になる、という事態です。

　『危ないな』『お父さんに任せていて大丈夫か!?』と思ったときに、すぐに行動を起こす勇気がありますか？　すぐにお父さんを説得できますか？　ご本人はたいてい、聞く耳をもちません。けんかになる場合もあるでしょう。本人は自分の衰えを認めたくありません。

　そこであきらめてしまうと、せっかくの"解決の道"を自ら閉ざすことになります。証券口座の解約は、銀行で定期預金を解約する場合と同じくらいか、それ以上の難しさが伴います。昨日まで取引していた相手（証券会社）が、「解約」を申し入れた途端に、「成年後見人でないとできません」と言うか、支店長が飛んできて説得のあの手この手を繰り出すか、ということになりがちです。

　この時に本人の判断能力が健在なら、証券会社は引き下がらざるを得ません。しかしその逆の場合は、家族は"条件闘争"に切り替えざるを得ないかもしれません。条件闘争とは、▼口座は解約しないが取引は順次止めてもらう（危険回避のため口座を家族の要望により事実上凍結させる）、▼株式等の一部を売って、その売却金を口座内にプールして介護費用等に回す（必要があって時折の出金する場合があることを、証券会社は認める）……、などです。

「75歳ルール」のときに３つの選択肢

　証券会社が家族信託口座を開設するのは画期的です。
　証券業界は顧客の高齢化問題に対応する一つの策としてガイドラインを

作り、最近は「75歳の時点で顧客に取引を継続するか否かを確認すること」を徹底し始めました。これはある意味、家族にとってはチャンスです。面と向かって証券取引の話ができなかった親御さんと「今後をどうするか」話し合う場にしていただきたいと思います。

　多くの証券会社は、高齢者との取引の際に家族の同席を条件としたり、一定の条件を付けて家族を**取引代理人**にすることを認めています。

　証券業界の75歳ルールのときに、家族には3つの選択肢があります。❶これを機に一切の取引をやめる（証券投資から"卒業"）、❷あなたが親の代理人になってしばらく取引を続け、親の認知症が取引の障害になってきた時点で口座を凍結する（代理人に解除権はありません。波風立てずに撤退型）、❸親に証券取引を継続したいかを確認し、継続したい場合は特定の証券会社に株式等を移管して家族信託口座を開設する。この場合は、本人が亡くなるまで取引を続けられます。

　読めばお分かりのように、株を続けたければ家族信託口座を特定の社に開設しなければなりません。するとその会社と取引していないお客については、「**他社への移管**」が必須になります。今までつきあいのあった会社とは縁を切らなければなりません。

　証券会社からするとみすみすお客さまを"手放す"のも同然。それくらいなら家族信託口座を作っておいたらどうですか？　というのが、野村証券、エース証券以外の証券会社への私の提案です。

　三井住友信託銀行の受託者通帳のときに書きたかったのですが、信託通帳一つの問題で、2000万円、3000万円、時には1億円を超す残高をお持ちの顧客を他行に紹介せざるをえませんでした。

　手をこまぬいて顧客流失を座視するより、銀行も証券も現実的に対応してくれませんか？「家族信託」は100歳長寿時代のマネー対策にとっては、重要なプレーヤーです。ここに対応しない手はないと思うのですが。（最後は小回りしない企業に対するお願いみたいになってしまいました）

第3部
家族信託の事例

第2受益者を置けることが
家族信託の大きな魅力に

第6章
委託者死亡で終了する家族信託

家族信託のプロトタイプ
遺言より強固な約束としての機能も

　これから、いよいよ家族信託をした実際例をご紹介します。事例のパターンは大きく分けると2つあります。

　家族信託が「委託者＝当初受益者」という自益信託で始まるのが大半であることは、説明しました。2つのパターンとも、**自益信託でスタート**します。ところが、①受益者が委託者だけで終了するか、それとも②2番目の受益者が現れるか、で大きな差異が出てきます。

　①は「委託者の生前の生活を守る」が主目的。さらに「遺言代わりに家族信託を使い、委託者死亡後の財産承継を生前に確定しておくこと」が狙

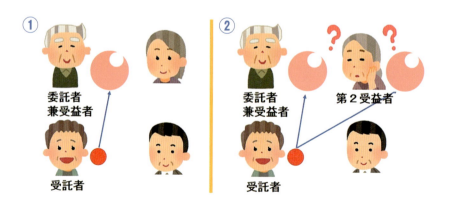

いになります。[イラスト左]

②には２つの狙いがあります。▼夫婦はふたりなのだから、配偶者亡き後はもう一方の配偶者も同じ仕組みで守ること。もうひとつは、▼初めから第２受益者がいることを想定して、その人を守るために信託を組むこと。委託者は自分の財産を、死後は受益権の形で第２受益者に渡し、受託者の手で適切に管理してもらいたいのです。[イラスト右]

受託者の横の●が「名義」です。右の場合、委託者の死後に受益権は配偶者に移りますから、名義を持った受託者が信託財産を引き続き管理し、第２受益者に受益権を給付することになります。

まずは受益者が単独で、居宅を売却して信託財産に組み込む例からご紹介しましょう。

最初の事例なので、実際の家族信託契約書をお見せしながら「逐条解説」をしていきます。契約の条文は枠で囲み、解説をその下に書きました。まずは枠だけを追って、一度流し読みをして「家族信託ってこんな感じかぁ」とつかんでください。

ふだん着の契約書にしたい

この契約書では、条項をあえて「です」「ます」調で書きました。

以前は私も、硬い調子の契約文を書いていました。でもある日、公証役場で家族信託の契約を結ぶ折、委託者のお客さまがしきりに首をかしげるのです。公証人も気をつかい時々、「ここはこういう意味のことを言っています」と合いの手を入れてくれます。恐縮しつつ、冷汗が出てきました。

口ではていねいに説明してきたつもりでした。受託者になる息子さんにも何度も、「ここは理解するのが難しいですから、何度でもかみ砕いてお話してください」とお願いしました。でも、それなら「はじめからやさしく、わかりやすく書けばいいのに」という話です。

ところが、書いた契約書を公正証書にして契約を締結するということに

なると、つい見栄が働いてしまいます。

　『(相手は公証人、)法律のプロだから。バカにされないように』などという邪念が頭をかすめると、つい肩に力の入った文章になってしまいます。でも、私にとっての「**相手**」は、**委託者**ですよね、本当は。高齢で、だから理解力も頭脳の瞬発力も落ちてきている人。そういう人に、誰が読んでも難しそうな文章を書いてきたなんて。ひとりよがりもいいところでした。

　そういう反省があって、最近はこういう契約文書も数多く書くようになってきました。

　です・ます調の契約書に公証人さんは面食らうと思っていたのですが、「目からウロコが落ちました」と言ってくださる先生もいて、"ふだん着の契約書"はおおむね好評のようです。

　では家族信託契約書をご紹介します。

Ⅰ 「いざとなったら居宅売却」型信託

▼委託者兼受益者：太平洋造さん（妻はすでに他界している）
▼受託者：太平一郎さん（洋造さんの長男）
▼受益者代理人：金光みすずさん（洋造さんの長女）
▼信託目的：①資産が窮したら居宅を売って介護費用に充てる②財産を円満に次の世代に承継すること
▼信託財産：洋造さんの居宅と管理用の金銭（居宅を売却して得た金銭も信託財産に組み入れる）

> 　本公証人は、家族信託契約の委託者である太平洋造さん（以下「太平洋造さん」または単に「委託者」という。）と受託者である太平一郎さん（太平洋造さんの長男、以下「太平一郎さん」または単に「受託者」という。）の依頼を受けて、双方の述べる契約の内容を聞き、その趣旨を書き取って、この証書を作成する。
>
> 第１条（信託の締結）
> 　委託者である太平洋造さんは、第３条の信託財産目録に記載する自宅建物及び土地と金融資産を信託財産として、その管理及び処分することを受託者の太平一郎さんに託し、受託者はこれを引き受けました。
> 第２条（信託の目的）
> 1　委託者が一定の生活水準を維持したまま、老後を安心して暮らせるようにすること。
> 2　委託者の居宅を適切な時機に換価処分すること。委託者は、老後の暮らしの費用について、重い病気にかかったり要介護の状態となれば家計の負担が増すことを憂慮しています。さらに、自宅があることがかえって相続紛争の原因になることを避けたいと強く願っていることが、自宅を処分する理由です。
> 3　前項の換価金を、委託者が療養看護を受ける際の費用等に充てること。
> 4　この信託により、委託者の財産を無理なく次の世代に承継させること。

> 第1条の意味　信託当事者を明らかにする

　第1条でこの信託の当事者が誰であるのかを示します。当事者は、**委託者**となる太平洋造さんと、**受託者**となる大平一郎さん。つまり2人です。

　家族信託の当事者はあとひとり「**受益者**」がいますが、ここには出てきません。その理由は第4章で説明した通りです。

受託者のために信託の方向性を示す

> 第2条の意味　「信託の目的」は最重要条項

　「信託の目的」は、家族信託で一番重要な条文です。

　受託者になるのは多くの場合、家族の1人であり専門家ではありませんから、何をどうすればいいのか見当が付きません。委託者のためなら何をしてもよいわけではなく、「信託の目的」に沿っていなければ、受託者がする行為は委託者を裏切ることになってしまいます。ですから、**受託者がする事務処理の「方向性」を信託目的ではっきり指し示す**、わけです。

　その内容は、具体的で、かつ確実に実行するよう"強制する"ものでなければなりません。表現があいまいで「解釈の余地」があると、トラブルを引き起こす元になります。委託者は後々、意思能力を欠く可能性がある人ですから、「思い」を聞き返すことは難しいでしょう。だからこそ当初から「目的」を明解に示しておくのです。

　信託契約書を作成する専門家の中には「信託目的」を2、3行で片づける人もいますが、信託目的は羅針盤です。抽象的な表現では困ります。ですから「居宅を換価」で止めずに、あえて「売却する理由」まで「目的」の条項に書き添えました。はっきりわかることが必要です。

　この信託の第1番の目的は、「老後を安心して暮らす」です。この理由があってはじめて、次の目的がいきます。「介護等の費用がかさむようになったら自宅を売って、費用を補てんする」。ですから、他の理由での居宅売却は、本来は不可です。受託者によって重要な財産である居宅を自由

に売り飛ばされてはかないません。
　ただ、この信託例はもう少し複雑です。当初の案では、委託者は「介護費用のための売却」一本の希望だったのですが、家族が話し合った結果、子はふたりとも「不動産をめぐっての相続でもめたくない、だから実家は父のために売って、生きているうちに活用した方がいい」という考えであることがわかりました。そこで委託者と相談し、「さらには——」以降の文言が入りました。これを入れることにより、「介護費用の問題がなくても、いずれ居宅は売却して現金化する」という方向性が確かになりました。

> 第３条（信託財産）
> 1　信託財産にする委託者の財産は以下の通りであり、受託者はこれを管理及び処分し、その他信託目的を達成するために必要な一切の行為をします。
> 　①　後記「信託財産目録」第１に記した、委託者が現在住んでいる家屋とその敷地（以下「信託不動産」または単に「自宅」という。）
> 　②　後記「信託財産目録」第２に記した信託不動産を換価したときに得られる金銭（以下「不動産売却資産」という）。
> 　③　後記「信託財産目録」第３に記した、委託者の金融資産
> 2　この信託の委託者は、受託者の了承を得て、新たに金銭を**追加信託**することができます。（以下、この項の金銭に前項第②号、③号の資産を加えた金銭を「信託金融資産」という。）

　この信託にはさらにもうひとつ、いわずもがなの目的があります。父親の**認知症対策**です。深刻化すれば、日々の財産管理ができなくなります。家を売る予定があっても、それも難しくなる。というわけで「認知症対策」は最重要目的ですが、第２条に認知症の「に」の字も入っていません。委託者は判断能力があるからこそ契約ができるわけで、あからさまに認知症を強調することは琴線に触れる恐れもあり、避けています。
　信託目的はわかりやすく書かなければなりませんが、委託者への気づか

いは大切だと思います。

金銭を追加信託することも可能
第3条の意味　信託財産をはじめに列記

　委託者の自宅と土地を「信託財産」としました。売却して得る予定の金銭も、あらかじめ「信託財産」として列記しておきます。

　本条第2項により委託者は、金銭を**追加信託**することができます。この項を入れた理由は、家族信託が軌道に乗ると、安心して自分の財産をさらに信託したいという人がよくいるからです。

　人間誰しも、自分を頼みにして生きてきます。一番の頼みは、なんといってもお金。子は信頼しているし、頭では《自分はいつか衰える、判断力も落ちて来る、最後は子に任せなければ》と思いながら、たくさんのお金を一気に"手放す（でも別の形でそれは返ってくる）"ことには強い不安があり、思い切って託しきれない。ですから、はじめは抑え気味に。信託というシステムに慣れてきて初めて、本来託すつもりだったお金を信託する気になるわけで、そのことも考慮すべきです。というわけで、財産を後から追加できる仕組みを用意しました。

第4条（委託者）
　委託者（但しその成年後見人等は除く。以下同じ※）は太平洋造さん（昭和6年4月12日生）です。その住所、職業は以下の通り。
住所　静岡市葵区〇〇〇20番3号
職業　無職

第5条（受託者）
1　当初受託者は前記太平一郎さん（昭和35年7月7日生）です。その住所、職業は以下の通りです。
住所　東京都〇〇〇市〇〇〇1丁目31番10号　ハーベスト〇〇〇
職業　会社員

> 2 太平一郎さんが死亡するなど信託法第56条第1項各号に掲げる事由により受託者の任務を続けられなくなった時には、太平洋造さんの長女金光みすずさん（昭和28年1月6日生）を後継受託者に指名します（以降、太平一郎さん及び後継受託者のことを「受託者」といいます。）。その住所、職業は以下の通りです。
> 住所　横浜市〇〇区〇〇〇〇2丁目3番1号
> 職業　主婦
>
> 第6条（受益者及び受益権）
> 1 この信託の受益者は、太平洋造さんです（太平洋造さんは委託者であると同時に当初受益者となります。）。
> 2 太平洋造さんが取得する**受益権**は、他人に売ったり貸したり、質入れすることはできません。

家族信託の3当事者

第4、5、6条の意味　委託者、受託者、受益者

公正証書にすると、冒頭に委託者・受託者の名前が出てきますが、ここであらためて家族信託の3当事者が一覧されたので、**委託者・受託者・受益者**の解説をしておきます。

※委託者に成年後見人や保佐人が付された場合、「後見人は、被後見人の財産を管理し、かつ、その財産に関する法律行為について被後見人を代表する（民法859条）」とされているので、委託者の代理をする可能性があります。信託の理念と成年後見制度の理念は、"土壌"がまったく異なりますから、後見人等に委託者の代わりにさまざまな権限を行使されると信託契約に混乱が生じる恐れがあります。それでこのカッコ書きで成年後見人等に代理されない意思を明確にし、介入の余地を封じておきます。

委託者にも受託者にも贈与税はかかりません

次ページのイラストのように「委託者」と「受益者」は同じ人です。

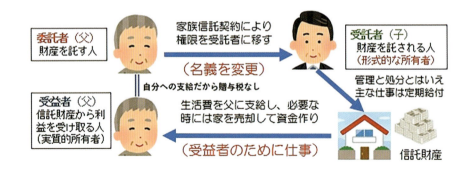

　これが家族信託の黄金の法則（ゴールデン・セオリー）。

　受託者が行う仕事は一言でいうと、委託者がこれまで"自分のポケット"で行ってきた財産の管理を、"受託者のポケット"に移し替えて、委託者の代わりに管理するということです。ただし受託者のポケットには自分の財布が入っています。そこに委託者の財産を移すと混ざってしまいますから、「おニューの財布」を用意して、その中で管理を行うようにします。

　第9条のところであらためて説明しますが、**家族信託は不動産も金融資産も、委託者名義であった財産を受託者名義に換えて管理する、というのがミソ**です。

　上のイラストで、父は子に金銭と不動産を託します。本条第2項で「受益権」という言葉が出てきますが、この場合の父の受益権は「家に今まで通り住み続けること」と、「子に託した財産の中から毎月一定額を受け取ること」という権利です。

　そんなに回りくどいことをして（その上、名義変更が必要で、不動産の場合には信託の登記に数万円の登録免許税もかかる）、チビチビお金を受け取るだけですが、これが民法法制の下ではできなかったことを実現するための方法であることは、第4章で説明しました。

　このような"受益"のやりとりなので、委託者はいくら受け取っても贈与税はかかりません。また、父から子に名義を移すことに対しても「贈

与」として認定されないことも説明済みですね。

　念のため書いておきますが、委託者と共に受託者や他の人（例えば配偶者）が何らかの受益を得る権利がある場合は、その受益に対しては贈与税がかかる場合もあります。ただ、自分の財産を託しそこから受益を得るという「自益信託」の場合は、信託したからと言って税金が生じることはない、というのが基本です。

　贈与税がかからないうえに、信託財産は、民法上の財産とは別物扱いなので「**倒産隔離機能もある**」とされます。受託者に特に資格は必要とされず、家族や親族でなくてもなれます。未成年者、成年被後見人、保佐人以外は、個人でも、法人でもなることができます。

　この辺は家族信託のメリットです。契約書作成に一定のコストはかかりますが、成年後見制度のような後見人報酬という長期のランニングコストとは無縁。それで金融資産の凍結を防ぎ、不動産売却時のリスクも避けられるわけですから、信託をすることは勘定に合います。

　なお、5条2項では「**後継受託者**」を決めています。この理由は、受託者が死亡するなどして受託者がいない状態が1年継続したときは、信託が強制終了させられてしまうからです（信託法163条3項）。滅多に起こることではありませんが、不測の事態に備えておく用心深さが、信託契約書には求められます。

> 第7条（信託の期間）
> 　この信託の期間は、太平洋造さんが死亡するときまでとします。

必ずしも委託者死亡で信託は終了しない
第7条の意味　信託の期間は契約で設定する

　この信託では太平さんの妻はすでに他界していますから、信託することで守らなければならない人は洋造さんただ1人。よって、その死亡によ

り信託は終了となります。しかし**信託法では、「委託者の死亡＝信託終了」とはされていません**。この点、成年後見など、民法による「委任—代理」の関係が、委任者、受任者どちらかの死亡により契約は終了となることと比べ、ユニークです。

　この信託法の発想により、信託を中断させずに新たな受益者を生み出すことが可能になりました。この章では、委託者の死亡により信託が終了する信託を扱いますが、民事信託全体を見渡せば、「当初受益者：夫→第2受益者：妻→（妻の死亡により信託終了）帰属権利者：子」という「第2受益者に配偶者が入る信託」こそが、家族信託の標準です。「両親のどちらも守る信託」については、第7章第Ⅰ項であらためて補足解説します。

> 第8条（信託給付の内容）
> 1　受託者は、受益者に信託不動産を生活の本拠地として今までと同様に使用してもらいます。
> 2　受託者は、信託財産の中から受益者の生活費等として毎月、一定の金額を給付します。
> 3　受託者は、受益者が病気や介護等で長期の入院または恒久的に介護施設等に入所することになった場合には、適切な治療と良好な介護を受けられるよう適宜な額を給付し、病院、施設等に支払います。
> 4　受託者は、受益者が車いすを使うなどバリアフリー環境が必要になったときには、受益者または受益者代理人と協議して、住宅改修などのために適宜の金銭を使うことができます。

第8条の意味　信託給付の内容（＝受益権）

　受託者の主な仕事は受益者に「受益」をもたらすことです。言い換えれば、「信託給付の内容」とは**受益権**の内容そのものだといえます。

　ただしここには、最大の仕事、委託者の居宅を売却することは入っていません。不動産を売却するという大きな事務を行う場合には当然細かい取り決めが必要なので、10条にまとめて表現しました。その方が整理されて読みやすいからです。

第9条　（登記及び信託の公示）
1　受託者は、この信託契約の主旨に従い、善良な管理者の注意義務をもって信託財産の管理や処分をする義務があります。
2　受託者は、信託不動産について、本信託に基づく**所有権移転及び信託の登記手続き**を行い信託財産になった旨を公示します。この場合の登録免許税及び登記手続に係る一切の費用は、信託財産から負担します。
3　信託金融資産については、委託者及び受託者において事前に換金しておきます。
4　受託者は、換金した金銭を受託者名の入った通帳で管理するなど事実上の名義変更を行い、または信託口口座を新規開設するなどして、自己の財産とは分別して管理していきます。
5　信託金融資産の管理運用については、長期にわたり受益者の生活を守ることが主たる目的ですから、元本が保証された預貯金等として管理し、投機的な運用はしないものとします。
6　受託者は、信託事務を遂行するために必要がある場合は、専門知識を有する第三者（以下「信託事務代行者」という）に一部の事務を委任することができます。

信託財産は分別管理しなければならない

　第9条の意味　信託直後の受託者の仕事

　ここでは、受託者が信託契約締結直後に行う事務について書いています。

　ポイントはただ１つ。信託財産となった不動産も金融資産も、受託者は自分の固有財産とは分けて、**分別管理**をしなければならないということです。金銭の分別管理については前章で詳しく説明したので、ここでは不動産の分別管理について触れることにしましょう。

　この9条で強調したいのは、信託財産のうち「不動産」については「**登記制度**」があるために**分別管理**が行いやすい、ということです。これは実務家としては、たいへんありがたい。取引の安全が保障されていますから、家族信託の普及に貢献してくれると期待できます。

不動産の分別管理は確立している

　信託法34条に「分別管理」のことが書かれています。

　不動産の登記については、「所有権移転」と「信託の登記」という2つの登記を行うよう促しています。所有権移転登記は法的には義務とされていませんが、登記のない不動産を売買するプロはいませんから、交渉物件には必ず所有権移転登記がなされています。

　一方、信託の登記はご存じない方が大半でしょう。信託の登記とは、信託契約書の要約版（これを「**信託目録**」といいます）を登記事項証明書に掲載することです。遺言の場合は、その内容が公開されることはありませんが、家族信託の場合は、信託契約の内容は登記の全部事項証明書を取り寄せれば、誰でも読めることになります。

　信託目録には、▼委託者、受託者、受益者※の名前が入ります。そして▼受益者の指定方法▼受益者代理人の氏名と住所▼信託目的も必須です。このほか▼信託財産の管理方法▼信託の終了の事由──が記載されます。受益権の内容については、プライバシーの観点からか、義務付けられてはいません。

※「受益者」名は、受益者代理人名が記述されているときは、省略することも可能です。受益者は相続人である場合も多く、これが公示されると承継内容がわかってしまうなどの支障が出る可能性があるからです。

信託目録があるので取引は安全に

　信託目録の記載が必要な理由は、①信託登記を公示する意味、もう一つは、②後に登記事項を変更する場合の"根拠"の提示の意味、ではないかと思います。ですから私は、上記の必須項目のほかに、「変更」にかかわりそうな条項については掲載するようにしています。

　では、登記事項証明書（登記簿）の実物を見てもらいましょう。
　見ての通り、実際上は、「所有権移転登記」と「信託の登記」はワン

第6章　委託者死亡で終了する家族信託

表題部	（主である建物の表示）	調製	平成8年9月12日	不動産番号	0806000460756
所在図番号	余白				
所在	庵原郡富士川町〇〇〇〇〇〇〇〇〇〇〇〇〇〇〇〇〇〇〇〇〇〇〇〇〇〇〇〇〇 富士市〇〇〇〇〇〇〇〇〇〇〇〇〇〇〇〇〇〇〇〇〇〇〇〇〇〇			余白 平成20年11月1日合併に伴う変更 平成20年11月18日登記	
家屋番号	3958番			余白	
①種類	②構造	③床面積 ㎡		原因及びその日付〔登記の日付〕	
居宅	木造瓦葺2階建	1階　　86：12 2階　　34：78		昭和56年11月10日新築	
余白	余白	余白		昭和63年法務省令第37号附則第2条第2項の規定により移記 平成8年9月12日	

登記事項証明書

権利部（甲区）	（所有権に関する事項）		
順位番号	登記の目的	受付年月日・受付番号	権利者その他の事項
1	所有権保存	昭和56年11月18日 第4656号	所有者　庵原郡富士川町〇〇〇〇〇〇〇〇〇〇〇〇 順位1番の登記を移記
	余白	余白	昭和63年法務省令第37号附則第2条第2項の規定により移記 平成8年9月12日
2	所有権移転	平成30年7月25日 第17263号	原因　平成30年7月4日信託 受託者　富士市〇〇〇〇〇〇〇〇〇〇〇〇〇〇〇〇〇
	信託	余白	信託目録第27号

信託目録			調製	余白
番号	受付年月日・受付番号		予備	
第27号	平成30年7月25日 第17263号		余白	
1	委託者に関する事項	富士市〇〇〇〇〇〇〇〇〇〇〇〇〇〇〇〇〇〇〇〇		
2	受託者に関する事項	富士市〇〇〇〇〇〇〇〇〇〇〇〇〇〇〇〇〇〇〇〇		
3	受益者に関する事項等	受益者　富士市〇〇〇〇〇〇〇〇〇〇〇〇〇〇〇 受益者代理人　富士市〇〇〇〇〇〇〇〇〇〇〇〇〇		
4	信託条項	一．信託の目的 　1．信託財産を受益者のために管理・保全し、又はこれを処分すること。 　2．信託不動産は受益者の居住用として使用すること。 　3．受益者の病がこうじるなどして病院、施設等に入ることが必要になったときに、その費用についても信託財産でまかなうこと。 二．信託監督人 　　静岡市葵区〇〇一丁目19番3号　石川秀樹 三．信託財産の管理方法 　1．受託者は、信託された不動産及び信託財産の管理・保全・処分等の信託に関する事務及び給付について、受益者または受益者代理人と協議して行う。		

信託目録

セットで記載されています。信託目録を読めば、委託者が誰で受託者が誰かが一目でわかり、取引相手は意思能力云々で「契約無効」とされることを恐れずに、実際の契約当事者である受託者と交渉できるようになります。

それとここを強調したいのですが、「信託目録」が不動産の登記簿（登記事項証明書）に記載されていることで、**純粋に私的な契約である家族信託契約書が公的に位置づけられることになるわけ**で、その意義は大きいということです。

家族信託は私的な出来事ですから、銀行や税務署等に何かの事情で閲覧を求められることはあっても、人に見られる機会はほとんどありません。ところが契約内容が登記簿により公開同然になることで、おのずと契約に"緊張感"が生まれます。

ですから私は、不動産の公示に伴って家族信託契約自体が公示されることは、家族信託の普及に資することになると考えています。

> 第10条（信託不動産の管理及び処分等）
> 1　受託者は、受益者が自宅で生活することが困難になった時には、受益者または受益者代理人がいる場合には受益者代理人に、自宅を売却し金銭に換えることを説明し、信託不動産を売却することができます。
> 2　受託者は、信託不動産売却のため建物を解体し土地を更地に戻す必要がある場合、建物解体を指示することができます。
> 3　受託者は、信託不動産の売却においては、建物解体を含むすべての事務を信託事務代行者に委託することができます。
> 4　信託不動産売却で得られた金銭は、租税公課、売却手数料、その他登記、建物解体等に要した一切の費用を控除したのち、すべて信託金融資産に組み入れます。

受託者のする仕事を細かく指示

第10条の意味　信託不動産の管理方針を示す

10条では、受託者がする信託事務を具体的に記述しています。「信託目的」でこの信託の方向性は明らかですが、実際に事務を担う受託者としては「何ができ、何をしてはいけないか」を知りたいところ。それを書いています。

「居宅売却」といっても、実際にこの事務を行う人はふつうの家族ですから、手取り足取り指示を出してほしいところでしょう。例えば、本当に自分の裁量で、自分が決めたタイミングで売却交渉に乗り出していいのか。誰かに相談しなくていいのか。答えはこの条文の1項に書かれています。受益者かあるいは受益者代理人に説明するだけでOKのようです。大きな財産の処分ですから、もっと厳密に条件を付けることは可能ですが、この信託は「いずれ父の居宅は売りに出す」ということが家族の中で一致してスタートしましたから、「受益者または受益者代理人からの許可」は必要ではなく、「説明で足りる」という形にしたわけです。

この他、家を売るときに解体してさら地にするかどうかも、受託者の裁量に任せています。この辺の記述の中身は家族で相談できたかどうかで、大きく変わってきそうです。

> 第11条（受益者代理人）
> 1　この信託の期間中に太平洋造さんが日常の物ごとの理解が難しくなり、また意思表示で混乱するようになってきた場合、または委託者自身が要請したときには、受益者代理人に前記金光みすずさんが就任します。（金光みすずさんは、第5条第2項の後継受託者です）。
> 2　受益者代理人は、受益者の生活ぶりを見守り、その要望をくみ取り受託者に伝えるほか、受益者の権利を守るため信託法第139条第1項に規定する一切の行為をすることができます。
> 3　金光みすずさんが受託者に就任した場合、または信託法第141条第1項に記す事由により受益者代理人を務められなくなったときには、後継の受益者代理人は指名しません。

認知症対策信託では受益者代理人は不可欠

第11条の意味　受益者の思いを代弁する受益者代理人

委託者（兼受益者）は、何のために信託契約を結ぶのでしょう。

これから歳を取ると判断能力が落ちるかもしれない、認知症になれば完全に事理弁識能力を欠くようになるかもしれない、と想像できるからで

す。その予測に基づいて、転ばぬ先の杖として、家族に自分の財産を託しました。と言うことは、**受益者はやがて衰えるかもしれないこと**が前提になります。これはある意味、困った事態です。

なぜなら、家族信託で受託者を監視し暴走しないように注意を払うのは受益者だからです。**信託の監視人は受益者自身です！** 認知症対策としての家族信託を考えるなら、受益者のその"頼りなさ"ははじめから計算に入れておかなければなりません。

そこで考え出されたのが、**受益者代理人**です。

受益者代理人は、受益者の権利に関する一切の行為をする権限（例えば、信託財産から給付されるはずの財産の給付を求めること）を、受益者に代わって行使できます。

ただし、受益者代理人が権限を行使するときは、当の受益者は自らその権限を行使することはできなくなります（信託法139条4項）。ですから認知症対策として家族信託を設定するときには、受益者代理人は、受益者が判断能力を失ったときに登場するようにします。そのようなわけで本条1項は、回りくどい表現になっています。

受益者代理人は、監視能力を失った受益者の代理を務め受益者の権利を守るのですから、役割は重要です。このため、受託者の場合と同様に後継の受益者代理人を指定しておきたいところですが、少子高齢時代の今、なかなか適任者が見つかず苦労します。

本条3項は、受託者が亡くなるという万一の事態が起きたときには、受益者代理人が急きょ「受託者」に回ることになりますから、そのときどうする？ ということが書いてあります。家族内に候補者はいないのでやむなく"空席にする"ということにしました。

> 第 12 条（信託の計算及び受益者等への報告事項等）
> 1　受託者は、毎年 12 月末日の信託財産の内容を受益者または受益者代理人に報告します。また、受益者または受益者代理人に報告を求められたときには、速やかに求められた事項を報告しなければなりません。
> 2　この信託を管理及び処分するために必要な経費は、信託財産から支払います。

家族の間だからこそきちんと報告
第 12 条の意味　1 年に 1 回は事務報告が必要

　家族の間でも、年次報告はしっかり行います。子の管理が心配な場合は半年に 1 度でも 4 半期ごとでも、自由に設定できます。

　報告の内容ですが、この信託の場合、収益不動産はありませんし、大量の株や債券を運用しているわけでもありませんので、報告は簡略で結構です。お金の出入りさえわかればよいので、普段から通帳にメモ書きし、それをノートにまとめる程度でかまいません。

年金や自動引落は信託外の通帳で管理

　高齢者の定期収入の主なものは「年金」だと思いますが、委託者の年金を受託者の通帳に移し替えるには「定額自動送金」のようなひと手間が必要です。年金は、日本年金機構が「本人の通帳に振り込む」を鉄壁の決まりのように考え家族信託を理解しようとしないので、本人名義ではない「受託者の通帳」に振り込んではくれません。「成年後見への対応と同じように家族信託でも特段の配慮を」と再三再四お願いしているのですが、年金機構はそもそも信託の理念を理解しようともしません。

　ですから、年金が入る通帳だけは家族信託で管理せず、別途、独自に管理するという工夫もしなければなりません。受託者通帳への年金振込は今や信託を普及させたい人たちの悲願。これが解決すれば家族信託は格段に使いやすくなり、信頼度も大いに増すのですが。

これも大事なので条文とは直接関係ありませんが、書いておきます。「**自動引落**」の問題です。公共料金など自動引落にしている人も多いのではないでしょうか。これらを律義に受託者の通帳に切り替えようとすると、いちいち相手に家族信託の説明をしなければなりません。コールセンターではちんぷんかんぷん、その後のやり取りもめんどくさい。ならば、ほっておいて結構です。一番いいのは、年金が入る（委託者の）通帳に引落関係は集中させること。そうすれば"信託外"ですから年次報告をする必要もありません。無理して信託通帳に移し替えると、毎月かなりの行数の報告事務がたまっていきます。

　年金振込問題が解決しそうもないので、それを逆手にとって、このような処理方法もおすすめしているところです。

> 第13条（信託の終了）
> 　この信託は、次の場合に終了します。
> （1）第7条に書いたことが起きたとき
> （2）その他信託法が定めた信託終了事由（第163条各号）が発生したとき

思いがけない形で信託が終了したら!?
第13条の意味 「信託の終了」の落とし穴に注意!!

　短いですが、実はこの条文は重要です。

　（1）については委託者が亡くなったら信託終了、で何の問題もありません。

　（2）ところが、信託は思いがけない理由で終了してしまうことがあります。そのケースが**信託法第163条**に書かれています。この終了は、とんでもない事態を引き起こします。この問題に気づいている人は専門家でもごく少数ですが……。

　信託終了事由を書いている163条を、少し意訳して紹介します。

　① 　信託の目的が達成された。逆に達成が不可能なことが分かった

② 受託者が信託財産のすべてを得てしまった（受託者も受益者になれます。受益権を受託者が全部得てしまえば信託は終了です）
③ 受託者がいないまま1年が過ぎた
④ 受託者に必要な費用が払われない
⑤ 信託が他の信託に呑み込まれた
⑥ 「信託なんかやめなさい」と判決が下った
⑦ 信託財産に対し破産手続きがされた

など。要するに、**想定外に信託を途中でやめることを余儀なくされた場合**です。

途中でやめると、何が問題か？

それは、予期せぬ終了でも、あらかじめ想定して特別な規定を設けていない限り、帰属権利者に残余財産を分けなければならなくなる、ということです。相続による移転ではないので、とんでもない高額の贈与税が帰属権利者にかかる恐れがあります。

この問題を解決させるために、次条で細かな決まりを作ります。

第14条（清算手続及び残余信託財産の引渡し）
1　清算受託者として、信託終了時の受託者を指定します。清算受託者は、この契約書の規定と信託法令に基づいて清算事務を行わなければなりません。
2　この信託が第13条第（1）の事由により終了したとき、帰属権利者への給付は、次の手続によります。
　(1)　清算受託者は、残余信託金融資産から信託財産引渡しなどに要した費用等を差し引き、その残額全部を次条記載の帰属権利者に等分に帰属させます。
　(2)　清算受託者は、信託不動産が換価されずに残っているときには、あらためて換価処分を行います。8か月間たっても換価できない場合は、現状有姿のまま帰属権利者に引き渡し所有権移転の登記を行います（持ち分各2分の1）。登記費用等は帰属権利者が負担します。

> 3　清算受託者が行うべき事務は、必要な場合は信託事務代行者に委任することができます。
> 4　この信託が第13条第（2）の事由により信託当事者たちが予期しない形で終了したときは、残余財産は委託者に帰属します。

委託者に財産を戻す場合もある
第14条の意味　信託の終わり方を2つに分ける

　1項の「清算受託者」とは遺言執行者を作っておくようなものです。家族信託の場合、信託が終了した時点で受託者だった人が、その任を負うことがほとんどです。

　14条全体の意味を先に説明しておきます。前条で「予期せぬ信託の終了」について触れました。[1] 契約で予定した通りの終了（委託者の死亡）なら「相続税」、[2] 予期せぬ終了なら「贈与税」となってしまいますから、この条項の役割は、[2] の場合については、残余財産の帰属先を「帰属権利者（子2人）」ではなく「委託者にする」ということです。ようするに「**想定外の終了をしたときには、信託財産は委託者に戻す**」という取り決めです。本人に戻すだけですから、相続税も、贈与税もかかりません。振り出しに戻った、ということになります。

　2項1号では、予定通りの終了で帰属権利者が残余財産を受け取ることを示します。

　2項の2号では、この財産は元々不動産でしたから、売らなかった、あるいは売れなくてそのまま残った場合の処理方法を書いています。

　4項を書くことにより、予期せぬ終了時の残余財産は委託者に戻ることになります。短い文章ですが、これがあるかないかで、税金ゼロとなるか、帰属権利者に莫大な贈与税がかかるか、の違いが出てきますので、本当に重要な項目です。

> 第15条（帰属権利者）
> 1 この信託が第13条第（1）の事由により終了したときの帰属権利者は太平一郎さん及び金光みすずさんです。
> 2 前項と同様の事由で信託が終了したときに帰属権利者が死亡していたときは、その者の法定相続人にその者が受け取るべきであった財産を帰属させます。

税制上、家族信託は「ないもの」とみなされる

第15条の意味　帰属権利者は「所有権」に戻った財産を受け取る

　帰属権利者は、相続に例えれば「相続人」に当たります。**帰属した財産は**、受益権ではなく民法の世界に戻った普通の財産、**所有権として受け取**ります。何の制約もなく、所有者は財産を自由に処分できるようになります。

　1項の信託終了事由は「委託者の死亡」ですから、帰属権利者が受け取る財産には相続税がかかります。

　重要な点ですが、家族信託をした財産にかける税金の基本は、「**家族信託していないものとみなす（家族信託は存在するが透明な空気みたいなもので、見えないし、徴税に関し何の影響もしない）**」です。民法上の資産と同様に、税がかかるべきときにはかかり、免れるべきときには非課税になる、ということです。

　ですから、「小規模宅地の特例」や「配偶者の税額軽減の特例」など相続税の特例も、相続税法上使えるケースには適用される、ということになります。

家族信託の契約書は"超遺言"

　15条2項の意味は、民法上の相続で言えば「代襲相続」のようなものです。ただし、民法の場合は、法定相続人の子は相続が発生した時にその相続人が亡くなっていれば、当然に代襲相続者になりますが、家族信託の

場合は、このように契約に書いてなければ権利は生じません。民法の場合は法定相続分まで決まっていますが、信託財産の継承においては契約書に書いた委託者の意思がすべてで、「法定相続分」という観念はありません。

民法下では、「孫」は法定相続人ではありませんから、遺言しない限り孫は遺産を手にしません。家族信託の場合は、委託者がそのように書けば孫も帰属権利者になれますし、さらに次の世代の者（生まれていない子であっても）を指名して、「Aが亡くなったらBに、Bが亡くなったらCに……」のように、代々引き継がせるようなことも可能になります。

その点から見れば、家族信託の契約書は"超遺言"になる、とも言えるわけです。

> 第16条（信託の変更）
> 1　この信託の規定は、受益者の権利を剥奪または制限しない限り、受益者または受益者代理人と受託者との書面による合意により、変更、修正または補足することができます。
> 2　この信託契約書に定めのない事項は、信託法その他の法令に従って判断します。

あらゆる場面を想定して用意しておく
第16条の意味　「信託の変更」は家族信託の知恵

15条2項で「帰属権利者が委託者よりも先に亡くなっている場合の帰属権利者」について書きました。家族信託の契約は、ありとあらゆる場面を想定して、「この場合にはこのようにする」ということを書くわけですが、人間ですからミスもおかします。ミスでなくても、まったく想定していないことが起こる場合もあり得るでしょう。

その度に右往左往しては困りますので、「変更はある」ものとして、あらかじめ契約の変更ができるようにしておく、というのが知恵です。

信託法もその点は考えていて、149条に信託変更の基本パターンを規定しています。

その基本は「委託者＋受託者＋受益者の合意」。信託の3当事者が合意していれば、変更できて当然です。家族信託の場合は、「委託者＝当初受益者」ということが多いわけですから、事実上は「**受託者と受益者が合意**」すればいいわけです。信託法は、さらに委託者の当初の意思（信託目的）が損なわれないように、「信託の目的に反しないことが明らかであるとき」という条件を付けています。

さらに、信託の目的に反せず「受益者の利益を損なわないことが明らかであるとき」と2つの条件がそろった場合には、受託者の書面による意思表示だけでも、変更可能としています。

委託者または受益者が意思・判断能力を喪失しているときは困ってしまいますね。そうだからこそ、認知症対策としてする家族信託には「**受益者代理人**」の存在が不可欠であるということです。受益者代理人には、受益者がする権限のあることはなんでもすることができるという権限を与えられていますから、信託変更の場合でも、受益者の代わりを務めることができるわけです。

以上、家族信託では「受託者」が重要なカギを握っていることがわかります。その一方、「委託者の権限はどうなっているんだい？」という疑問も、当然、起きてきますね。信託法はその点も考慮して、149条3項1号、2号でその点に触れています。

「受託者の利益を害しないことが明らかであるとき」は委託者と受益者で、「信託の目的に反しないこと及び受託者の利益を害しないことが明らかであるとき」は受益者単独で信託の変更を許しています。

第17条（管轄裁判所）
この契約書の内容について争いが生じた場合には、静岡地方裁判所を第一審の専属的合意管轄裁判所とします。

第17条の意味

家族間で訴訟などあってはならないことですが、ないとは言えないのが人間。係争の場を決めておきます。

> 第18条（信託報酬等）
> 受託者と受益者代理人への報酬は、支給しません。

主役なのに受託者は「報酬なし」も多い

第18条の意味　受託者の報酬はゼロ円がふつう!?

受託者は間違いなく、ひとたび信託が動き出せば"主役"です。信託財産を凧（たこ）に例えれば、凧ひもの束を握っているのが受託者ですから。しかし通常、〈家族がやっているんだから〉ということがあるからでしょうか（それに、受託者は最終的に帰属権利者になる場合が圧倒的に多い）、この契約書のように**無報酬**とすることが多いようです。

受託者には気の毒ですが、ランニングコストがゼロというのは、家族信託の魅力のひとつです。成年後見では後見人報酬が数百万円にものぼることがふつうですから。

（信託財産目録）
省略

Ⅱ　老後の心配事、自益信託で解決できる

　この本の重要なテーマの１つは、**財産凍結**という理不尽な仕打ちにふつうの家族が巻き込まれないための「**認知症対策**」です。対策の決め手としての家族信託のうち、この章では「委託者であり、同時に受益者でもある」という**自益信託**について紹介しています。

　「居宅売却信託」以外に、このパターンに該当する信託はどんなものがあるでしょうか。

　▼株や投資信託もうやめてよ、信託（高齢投資家の家族の不安）
　▼収益不動産管理型信託（契約更新、リフォームなどの更新）
　▼会社やお店、事業やプロジェクトの継続・承継信託（経営トップの認知症からどう事業を守り後継者に引き継ぐかの対策）
　▼遺言の書き換え予防信託（生前に相続方針を固めて順守）

　ずいぶん時間をかけて考えてみたのですが、はっきり「認知症対策としての信託」と言い切れる例で、**委託者の死亡によって終了**となる**信託**はこれだけしか思い浮かびませんでした。

　《案外、家族信託の適用範囲は狭い?!》と一瞬、思いかけたのですが、いや、その逆ですね。高齢の親についての心配事はいくらでもあって、例えば──

　□認知症になったら、と思うと心配
　□親が自分の判断力低下を理解しない
　□財産管理ができなくなったら困る
　□親の資産が凍結されると困る
　□投資や運用好きの親の資産目減りを防ぎたい
　□親が詐欺に遭ったり、悪徳商法に引っかからないか心配
　□親の老後を家族で支えたい

□不動産の管理が困難になってきた
□お店や会社の経営に支障が出たら困る
□事業承継・後継者育成に活用したい
□生きているうちに財産承継者を確定させたい（遺言代わり）
□財産の承継者を先の先まで決めておきたい（後継ぎ遺贈）
□ひとり身なので不安
□供養など私の死後のことを頼みたい

などの心配事やしてあげたいこと・してほしいことが浮かびます。どちらのご家庭でも、1つや2つ当てはまるのではないでしょうか。これらの心配事を解決できるのが家族信託の中でも、**［自益型・委託者の死亡で終了する信託］**です。

契約書は、「居宅売却型信託」を下敷きにしてあなたの家庭の事情に合わせてカスタマイズすれば、独自のものが作れます。

一方、上記のような課題とは別に**「残していく人の生活が心配」**というのも、老後の普遍的なテーマの1つでしょう。

□認知症の配偶者がいる
□極度の浪費家、アルコール依存症の人がいる
□知的障がいの子がいる
□ひきこもりの子がいる
□重度の身体障がいの子がいる
□その他私なき後、心配な身内がいる

いわゆる［親なき後・配偶者なき後の問題］です。これらも**［自益型で、かつ第2受益者がいる信託］**で解決することができます。［第2受益者のいる信託］は、この問題以外の解決についても有用です。次章で詳しく解説していきます。

この章では、もういくつか［自益型・委託者の死亡で終了する信託］を深掘りしてみましょう。

Ⅲ　ワンセットで夫婦を守る家族信託

　前項で少し触れたように、委託者死亡と同時に終了となる家族信託の類型は、それほど多くはありません。この信託の場合、救済のターゲットは委託者ただ1人です。しかし「老後の暮らしの安全」を考えると、夫婦を共に考える方が自然ではないでしょうか。

　その意味で、これから紹介する［ワンセットで夫婦を守る家族信託］は2番目の受益者がいるとはいえ［委託者死亡で終了する家族信託］の"姉妹版"であり、かつ有用性が高いという意味でこれも"**家族信託のプロトタイプ（原型）**"の一つと言えます。

老後ど真ん中の対策が抜けている！

　ところで皆さんは、終活ブームをご存じですね。「相続」や「生前贈与」「葬儀やお墓」のことがにわかに話題になりました。終わりを考えるのは

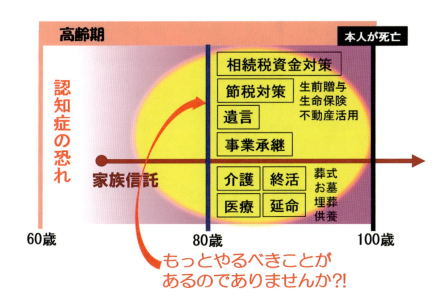

悪いことではないですが、これから生きていく老後の暮らしに関心が向かなかったのはどうしてなのでしょう。こんな「図解」を描いてみました［前ページの図解］──

　私たちは、こんなことを一所懸命に考えてきたんですよね。黄色の円内が"老後"です。70代から100歳まで、なんとも長い……‼　家族信託の矢印の右上、いろんな対策をしています。でも、自分が死んだ後のことばかり。右下は介護や医療のこと。さすがに"老後ど真ん中"のテーマ。とはいえ「私はゼッタイに延命拒否」などといいながら切実さはあまりなく、ひとごとのようです。認知症のこともなければ、肝心かなめの「お金の心配」がどこにもありません。

　本当は、こういうことではないのでしょうか。［下の図解］

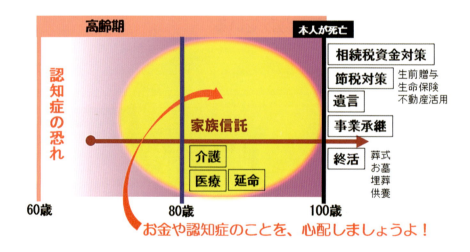

　とりあえず、自分が死んだ後のことはわきに置いておきませんか？　そうすると大半が、円の外側に行ってしまいます。どれも大事なことではありますが、人生100年ですよ。追加の20年はこれまでのように「晴れた日」ばかりではありません。ましてや、予定し用意してきたお金が、高齢や認知症によって「判断能力なし」との印象を銀行にもたれると、本人が

泣こうが家族が懇願しようが、凍結されてしまう時代なんですから。
　だから、認知症対策とお金の話もやっておきませんか？

家族信託は自分の死後も大切な人を守る
　下のイラストを見てください。

　高齢ど真ん中対策のためのツール（手段→解決法）は３つです。
　家族信託・遺言・成年後見制度（任意後見を含む）。遺言は、亡くなって初めて効力を発する《財産仕分け》のための手段ですから、あなたの「生前対策」とは無縁です。老後の暮らしを守るための手段としては家族信託と成年後見に絞られます。
　成年後見は認知症対策の専用ツール。ただし、守るのは「本人」に限られています。対して家族信託は、認知症に限らずすべての人に適用可能、守るのは本人だけではなく「次の受益者」を決めておけばその人たちも対象になります。だから「本人」の生前対策の決め手になるのはもちろんのこと、――家族信託の矢印を見てください、黒い線（本人死亡）の向こう側まで突き抜けているでしょう！――**自分が死んだ後でも大切な人を守れるのです**。ただ１行、次の受益者を指名しておくだけでいいのです。

1人だけを信託で守れればいいの!?

「ワンセットで夫婦を守る」とは、配偶者の1人が委託者（当初受益者）になり、もう1人が第2受益者となる信託です。この章のテーマ［委託者死亡で終了する家族信託］の文言、「委託者」を「委託者と配偶者」と読み替えてください。信託の内容をほとんど変えずにふたりとも守っていくことができます。

この節の冒頭に「終活ばやり」の状況を書きました。書いていてちょっと違和感がありました。いきなり「ひとり」が対象だったからです。でも夫婦は2人でしょ、そのふたりが最後は1人になる。『いきなりひとりのことを考えても、それはウソっぽい』のではないか思いました。生きている夫婦が、いつか痛切に「独り」になるんです。その辺を汲み取れないと、底の浅い想像力しか働きません。

夫婦がいて、どちらかに精神的な衰えが出て来ます。その時に、夫なら夫を委託者にして夫の財産管理を子がしてあげればそれでいいのか。お母さんは元気だから、お母さんは大丈夫だよね、と信託を終了させて相続手続きをすれば、「やれやれ、終わったね」ということになるのか……と言うことです。

80歳までは元気でも、その先はわからない

私なら設計段階で「お母さんを第2受益者にして信託を続けよう」と声をあげます。80歳まで元気でも、これから先が老後の本番で、どうなるかは本当にわからないからです。この提案は適切な提案だと思いますが、家族にきちんとしたコンセンサス（合意）がなければできません。しかもその合意は、信託契約書を作る時点で家族に形成されていなければなりません。

［次ページ上の図解］は、委託者Xから第2受益者Yに信託の受益権が移ったことを表しています。妻Yが、Xの有していた受益権の全部を承継しました。受託者は娘のAです。

第6章　委託者死亡で終了する家族信託

やがてYも亡くなるとこの信託は終了。帰属権利者であるAとBが残余財産を得ます。自宅が売却されていれば残った現金をふたりで分け、売れずに残っている場合

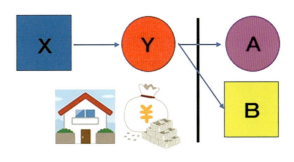

は、再度売却を試みるか不動産のまま相続するか、いずれにしても契約に沿って相続します。
〈全財産を配偶者がいったん"承継"し、子が親の財産を相続することは後回し〉この形はまさに**家族信託の「王道」**です。家族の合意がなければこのような承継はできないでしょう。

信託の財布を小分けしないでください

　［下の図解］Xの死亡後、Xの受益権を母子3人で承継しました。今度は第2受益者が3人。妻YがXの全部の受益権を承継するのではなく、Yが得る受益権を2分の1に削り、AとBも4分の1ずつを承継しています。《法定相続分で受益権を分けた状態》、相続なら当たり前の形です。確かに、家族信託をしていてもこういう分け方はできますが、これで本当にひとりになった母親の老後を守れるのでしょうか。

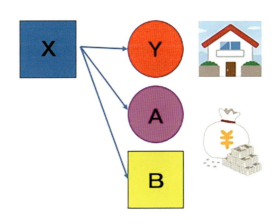

　私見を述べるなら、このような分け方は「**信託らしくない**」と思います。私が受託者なら、

「まずお母さんのことを考えよう」と弟にいいます（前ページ上の図解のようにする）。老後は何が起こるか分かりません。お金はあった方が安心です。せっかく母親のことを考えて「第2受益者あり」の家族信託にしたのですから、いったんすべての信託財産をYのためにプールしておけばいいのです。**信託の財布をわざわざ小分けして持つ必要はありません。**

　前ページ下の図解は、母親のことを守るために信託は継続させたけれども、Xがのこした財産は普通の相続にならって母の承継分は2分の1にするという発想。これだと母の承継分はすべての財産で2分の1となり、たとえ受益者3人の合意で実家を換価してもYのために使える金銭は売却代金の半分となり、"完全なる安全"とはほど遠い結果になりかねません。

　ですから委託者のXは、家族信託の契約書を作るときに、もっと踏み込んでYを守る方法を考えてほしかったのです。

　プロローグで「**家督相続**」に触れました。戦前までは長男が家の財産すべてを相続しました。しかし同時に、その財産で家族や一族の幸せを守りました。家族の財産を家長の長男が代表して持っているのです。

　委託者がその発想を持てていれば、信託を考えた時に家族を説得して、**"家長的な財産管理"** を行えたはずです。お母さんを守ることを第一に、同時にこの財産はXから預かる**家族の財産**ですから、その老後の生活を優先しつつ、時には家族全体の幸せのためにも使うという運用もできます。

　そのような管理を行えば、この信託は「プロトタイプ」と呼ぶにふさわしい家族信託になるでしょう。

Ⅳ　収益アパート管理型信託

「居宅売却信託」に次いでニーズが高いのが「収益アパート管理型信託」です。高齢の親が、年金に加え、生活安定のために建てたアパートの管理が難しくなった、と子が相談に来るというのが典型です。

バブル期の収益不動産ブームのツケ

契約書の基本構造は［Ⅰ］のケースと変わりません。

アパート経営は、バブル期からその後にかけて相続税対策として金融機関と不動産業界がしきりに売り込みましたから、現在"高齢オーナー"が多数おられます。若いときには、入居募集から入退去の契約、日常の管理やメンテナンス、建て替えまでを自ら行っていた人も今は高齢。これらの仕事の多くが契約行為ですから、オーナーの判断力が落ちてくると、新規契約さえできなくなり、経営は立ち往生ということになります。

そこで心配した家族が「家族信託」という方法に気づき、相談にみえるのです。

経営資源はさまざま。アパート1棟だけという人はむしろまれで、アパートと駐車場＋自宅、複数の収益不動産を所有、という人の方が多いようです。建設年次が違いますから、一度はまると、不動産賃貸業は、おもしろくてやめられないということなのでしょうか。

経営形態も①オーナーのみの場合もあるし、②家族がほぼ総出、③管理会社任せ──など、多様です。ただ、どのケースでも"**オーナーの認知症リスク**"については危機感を共有できていないようで、追い詰められてからの相談が多くなります。

さまざまある相談のうち、オーナーの死亡により信託が終了するというシンプルなケースをまず紹介しましょう。

委託者兼受益者：父
もう1人の受益者：母（受益権は「夫の扶養義務の範囲」とする）
受託者：長女
受益者代理人：長男（相談者）
主な信託財産：自宅＋収益アパート＋駐車場＋管理のための金銭

案に相違して妹が受託者に名乗り

　この例は奇跡的に［信託目的］の調整がうまくいったケースです。委託者は75歳ですが、アパートを自ら管理することに疲れ果てていました。3階建てで10室あるうち今は3室が空室。1月から春までにかけ『また転居があるのではないか』と弱気でした。

　長男は東京の会社員、48歳。家族信託を希望した理由は「アパートは"お荷物不動産"予備軍になっているけれども、今後立ち直るか否かは経営努力次第。ただ父の気力も判断力も急に落ちてきているので、私が受託者になっていないと何も手が打てなくなる」との危機感から。父母と同市内にいる妹42歳も同じ意見でした。

　家族が話し合った結果「自宅は残す。アパートは費用をかけずに簡素なメンテナンスを行い、入居募集に力を入れる。4、5年様子を見て、ダメだと判断した場合は売却も考える。メンテナンス等の費用は借金をせずに、固定資産税対策のため駐車場にしてきた土地を売却してねん出する」という形でまとまりました。

　父親の反対はありませんでした。娘が予想外にアパート経営に前向きになってくれたのがうれしかったようです。当初、長男は自分が受託者にならざるを得ないと思っていました。その場合には管理会社にアパートを任せ、自分は売却の方向で動くつもりでした。ところが、業者を訪ね歩き、ネットでも不動産の相場を研究した結果、意外なことがわかりました。築18年のアパートは、経営力のある人から見れば"投資利回りのよい稼げる物件"だったのです。さらに、不動産には無関心と思っていた妹が、す

ぐにその意味を理解して興味を持ち始めのも驚きでした。

　そんなことがあって結局、受託者には妹がなり、長男は受益者代理人に回ったのです。経営を引き受けるという妹の登場で、管理会社に委託する必要もなくなりました。その分は「受託者報酬」として妹に払うことにしました。これにより妹はパートに出る必要がなくなり、経営に専念できます。

信託したことで柔軟な経営判断が可能に

　この家族信託は、父親の死亡により終了します。今のところアパート経営の成否はわかりません。そのために、信託終了時点の残余財産の帰属が複雑になりました。

　経営に見切りをつけアパートそのものを売ったときには（駐車場の土地を含め）すべてを換価処分して、残余の信託金融資産を母・兄・妹で法定相続分により分けること。

　一方、アパート経営が軌道に乗った時には、マンションは親子3人等分の持ち分で共有すること、そして月々の収益分も3人に等分に分けることにしました。

　これらの契約はもちろん契約書作成時点で、将来の見通しを立てて決定します。誰も預言者ではありませんから、予想しない事態に出合うこともあるでしょう。そのために、そもそも信託推進論者で信託のことがよく分かっている長男を「受益者代理人」に据えたのです。

　例えば風水害は予想できない天変地異です。マンションに大きな被害が出たときにどうするか。判断するのは受託者と受益者です。しかし受益者の父の判断力が落ちていれば何もできません。そうならないよう、受益者代理人が父に代わって相談の矢面に立てるようにしました。極端な場合、マンション経営を断念したり、逆に大改修して生き返らせるような決定もできるわけです。

受益権の形で財産を承継させる

　例に挙げた「収益アパート管理型信託」は、提案者の兄にしてみれば"緊急避難"的な発想でした。8割か9割方、アパートはすぐにも売る方向で落着すると思っていましたから、この信託は父の死亡と同時に終了させることで「正解」だったのです。またアパートの規模から言っても、オーナー死亡により信託を終了させ、すべてを分配し直すことも悪い選択ではありません。

　ただ、不動産の経営規模が大きかったり、法定相続人が多数いるような場合は、（これもまた次章のテーマの先取りになってしまいますが）第2受益者まで信託契約を引き延ばし「**受益権の形で不動産の権利関係を分配する**」という方法の方が、よりよい選択肢になりそうです。

家族信託で契約凍結リスクを回避

　その例をイラストにしましたので見てください。

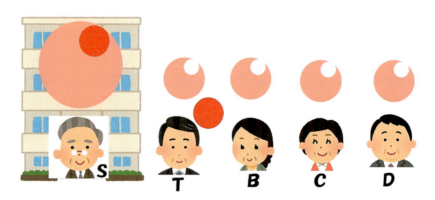

委託者兼受益者：S（父）
受託者：T（長男、相談者）
第2受益者（元本受益権）：T
第2受益者（収益受益権、毎月200万円）：T、B（長女）、C（次女）、D（末っ子）

残余財産受益者：T、B、C、D
主な信託財産：築15年のマンション
信託期間：25年

委託者のS（75）は、4階建ての収益マンションの経営に苦痛を感じるようになってきました。「何とかしてくれ」と頼まれた長男が私のところに相談にみえました。答えは簡単です。マンション経営はTが受託者になり、管理会社と契約して面倒な管理を外部委託すれば、父は管理手数料を差し引いた賃料を毎月得て、楽隠居ができます。Tは管理会社との調整や、仕事内容をチェックするだけ。家族も父の認知症による**契約凍結リスク**の心配から解放されます。

受益権を活用して"争族"を防ぐ

問題なのは相続です。Sには金融資産もかなりありますが、なんといっても大きいのはこのマンション。きょうだいが法定相続分通りに相続すると、長男Tがマンションを相続した場合、金融資産は他のきょうだいに分けざるを得ず、相続税支払いにも窮すると予測されます。さらにこのマンションの"果実（賃料収入）"は大きく、毎月200万円がTに入ることになりそうですから、現金のみを得ることになるきょうだいからはやはり不満が出てきそう……。とまあ、相続は大もめが予想されます。

この問題は家族信託で解決します。父親が亡くなったからといって、急いで信託を終了させなければいいのです。財産を（相続の手続きを経て）所有権として受け取るのではなく、あくまで**信託財産から受益権を得る**、という発想です。これで一挙に、硬直的な承継が"柔軟な分配"に変わります。それを表したのが、前ページのイラスト下に書いた表の「第2受益者」という表示です。

Sは所有者ですから、信託をする前には「名義」と「受益権」をあわせ持っていました。Sが亡くなると、Sの受益権は第2受益者のT、B、C、Dに移ります。4人は収益受益権（毎月の賃料を25年間受ける権利）を

等分に取得します。元本受益権も信託終了時に換価することで、これも4人平等に承継することができます（もちろん長兄の長年の受託者としての苦労を認めるなら、Tの取り分を多めにすることは可能）。

これに対し、S死亡により信託を終了させ収益マンションを所有権に戻してしまうと、承継の仕方が極端に難しくなります。帰属権利者のT1人が承継すると、Tが得るマンションはもはや名義と受益権に分けられませんから、賃料収入の4分の1ずつをきょうだいに分配できません。TからB、C、Dへの「贈与」になってしまうからです。

ではマンションを4人で共有すればいいのか。共有物の処分は全員一致ですから、1人が認知症になると売却も賃貸もできなくなってしまいます。誰かが亡くなれば、その親族に権利が相続され、もっとこんがらがった共有状態になりそうです（マンションを信託している場合は、受託者Tが単独でいかなる処分でも実行できます）。

なんだか煙に巻かれたような話ですが、信託の終わらせ方ひとつで、これだけの差が出て来るというわけです。

受益者連続型信託の落とし穴

なお、万が一T、B、C、Dが信託終了前に亡くなるとどうなるのでしょうか。これは契約次第です。▼その人の受益権は消えて他の第2受益者に加算することもできます。あるいはきょうだいに回さず、▼その人の法定相続人に支給する、とすることもできます。

きょうだい平等を旨とするなら、信託の受益権を使った「子への分配」は理想的です。しかし一方、どの受益者にとっても、実際の財産は「毎月定額給付を受ける」ということであり、一挙に大金を手にすることはできません。こういう制約を"うっとうしい"と感じる受益者もいるかもしれません。

またもう一つこの信託で留意しなければならない点は、信託の「長期化は必至」ということです。そうなると、信託を「受託者死亡により1年

後強制終了」ということにならないよう、Ｔの後継受託者を必ず作っておかなければなりません（きょうだいが多いので、この点は大丈夫そうですが）。

さらに「元本受益権」と「収益受益権」があるため、この信託は課税関係が少し複雑になります。とりあえず相続税は 25 年間の収益受益権にかかり、元本受益権は税務的には「ゼロ円の価値」とみなされます。元本受益権については、信託が終了したときにこの不動産を承継した者にかかります。その時点の元本受益権の価値は［不動産の相続税評価額―収益受益権の総計］ですからそれほど高額にはならないと思いますが、信託をする前に専門家に確認してもらった方がいいでしょう。

以上、２つの話は「父親の認知症の不安」が前提になっていますが、家族の将来の生活の見通しを立てるという意味からも、（認知症の問題が特にない場合でも）家族信託の手法は使えそうです。

Ⅴ　事業承継に使える自社株信託

　「委託者死亡により終了する信託」の中で、他の信託と少し傾向が代わっていますが、今後注目されそうなのが「**事業承継に使える自社株信託**」です。

経営者の認知症は会社を追い詰める

　なぜ注目されるかというと、経営者が認知症となったときの内外への影響は、会社や事業が正常に機能していたときと比べ、想像もできないほど甚大だからです。また一度起きてしまえば"現状回復"がほとんど見込めない、というのも深刻です。

　社内での変化は、「社長はさっき言ったことをもう忘れている……？？」から始まり、トンチンカンな指示、とんでもない人事──とエスカレートしていくでしょう。外に向かっては、約束の日の勘違いから始まり、旧知の人を忘れる、場をわきまえずに怒りだすなど"問題行動"が顕著になり、信用を失うことにつながっていきます。

　アルツハイマー型の認知症は、静かに、急速に深刻化していきますが、本人が自覚できないことも多いのです。周りが心配して病院に連れて行こうとしても怒るばかり。近しい人が会社や事業のことを思って諫言しても、逆に恨みを買うような結果に終わりかねません。

　経営者の認知症は会社を追い詰めます。

　病気ですから仕方がない、と私だって思います。

　《よりによって会社の社長の身に起きるなんて》と、心からの同情を禁じ得ませんが、ここはもう思いきり警鐘を鳴らして、万が一の備えのことを考えていただくしかありません。

成年後見では会社の苦境を救えない

　備えとは、もちろん家族信託です。
　認知症が進んでしまった後では、この方法は使えませんが、「**社長の認知症対策**」として、こんな手もあるのか、ということだけは今のうちに知っておいてほしいのです。
　今回のテーマばかりは**成年後見では解決しません**。確かに、社長に奇矯な行動が目立つようになり、このままでは会社が立ちいかないというところまで追い込まれたら、親族が成年後見の申立てをするしかないでしょう（社長が自社株式の大半を握っているような場合は、「解任」などできませんので）。今ならまだ会社法の欠格条項（第331条1項2号）が存在しているので、社長に成年後見や保佐開始の審判が下れば、取締役を終任させトップの座からおろすことができます。
　しかし成年後見人が会社に対してできることは、期待するほど大きくはありません。後見人にできることは、次の取締役選任の入り口を開くことくらいです。社長本人に代わって株主総会を開き、社長が所有する自社株式を使い議決権を代理行使して、新しい取締役を選任するのです。取締役の定数が充足すれば、取締役は代表取締役を選任でき、新しい社長を決めることができます。
　でも難しいのはここからです。
　取締役から身を引かされた前社長は地位を失いますが、株主であることは変わりません。当然、議決権の多くを保持しています。後見を受ける身となった本人は、議決権を行使できず、新取締役選任時には後見人が行使しました。
　でも成年後見人や保佐人は、今後も引き続いて自社株の議決権を行使し続けることができるのでしょうか。また行使する立場にいるんでしょうか。これについては議論がありますが、ひとまず議決権を行使できるとしましょう。
　会社経営は生き物です。前社長は苦もなく、果断に意思決定をし続け、

今日の会社をつくりあげました。しかし後見人らは経営のプロではありません。新たに経営の前線に立った役員たちからすると、"素人に"議決権を自由に行使されたらたまらないでしょう。でもその一方、使ってもらわなければならない場面も出てきます。その場合に後見人たちの行動は、慎重で、防衛的に判断するほかありません。多くの場合、それさえ「回避したい」という動機が働くでしょう。

　後見人は「本人のための財産管理者」にすぎないんです。法が認めた代理人であるとはいえ、経営に参画せよとは民法のどこにも書いてありません。本当にやむを得ない場合を除いて、基本的には関与すべき立場にはいないのです。ですから、後見を受ける者が自社株の大半を持つ状況が続く限り、会社の苦境は終わりません。

　こういう事態が、社長が認知症になると起きてしまいます。

信託すると「議決権」は受託者に移る

　そんな事態を招かないための最善の処方せんが家族信託です。
　イラストを見てください。

左が社長、判断力があり元気です、右は後継者候補の長女。
委託者兼受益者：社長（株式を100％持つ創業者）
受託者：長女
信託財産：自社株式

受益権：剰余金（配当など）受け取り権

　家族信託は、ひとことで言えば「財産管理手法」です。だから家族信託で出来ることは、「財産に関することだけ」のはずで、中小企業の経営に家族信託が寄与することはないように見えるのですが、自社株式という財産に付加されている「**議決権**」に着目し、経営に参画する道を拓きました。税務署にとって議決権の価値は「ゼロ円」ですが、民事信託では**受託者**がその"価値"を預かり、**議決権行使の主体になる**のです。

　一方の**受益権**は、目に見えるものとしては、**配当などの原資である剰余金**を対象にしています。税務署が注目するのはこの受益権の行方です。委託者がこの受益権を得るときには「自益信託」として、課税関係は生じません。しかし委託者以外の者が受益権を適正な対価を支払わずに得たときには「委託者から贈与があったもの」として、贈与税がかかることになります。"みなし贈与"というものですが、この信託の特徴は**事業承継の際に大いに役立つ**ことになります。

後継者の力量を確認しながら自社株承継を行う

　前ページのイラストの場合、社長は持ち株の全部を後継者候補の娘に信託し、自分は受益権のみを受け取る家族信託契約を結びました。社長は株を娘に譲渡したわけでも贈与したわけでもありません。委託しただけです。外形上、今までと異なるのは株主名簿に長女〇〇〇〇の名前が記載され、この株式が信託財産に属することが同時に記帳されます。これで社長の議決権は100％、娘に移ります。受益権は委託者が得るので、課税関係は生じません（自益信託の扱い）。

　自社株式の全部を娘に信託したので、社長は引退したも同然です。しかし娘の判断が悪く、経営センスなしと見た時には、社長は受託者と協議して信託を終了させ、株を自分に取り戻し代表取締役業務にあらためて復帰することができます。一方、資質ありと判断した場合は、頃合いを見て取締役（または取締役会）との協議等社内手続きをへて娘を代表取締役に就

任させれば、正式な後継者を誕生させることができます。

株式は受託者が相変わらず管理しており、代表取締役交代に株式の実質的な移動は伴いませんから、この時点では1円の税金も発生しません。新代表取締役にとって自社株が正式に自分のものになっていないので中途半端な感はありますが、通常はオーナー社長死亡により信託が終了した時点で帰属権利者である娘が残余財産（株）を承継します。この場合は、自社株式は相続税の対象となります。

指図権を行使して後継者を育てる

上の例では、現職社長が実に潔く経営者の座をおりました。半分引退しつつ、後継者の力量を見て早めに世代交代、という狙いがあったのでしょう。しかし多くの社長はこれほどあっさり一線から身を引きませんから、そこで多用されるのが「指図権」です。

指図権は信託法では記述がありませんが、信託業法では認められており、民事信託でも使えるとされています。

委託者が受託者に自社株を信託するものの、株主総会の議決については"口を出すよ"という取り決めです。

「指図権行使」の具体的な条文は、イラストに示した通りです。

この１条だけでは、委託者がどのような指図を行い、あるいは受託者が指図に疑問を持った場合にどのような調整余地があるのか等、あいまいな点があるので、補助的な条項が必要になります。

　また必須の条項として、委託者の判断能力がどのような常況になったときに指図をやめるのか（例：委託者について後見または保佐開始の審判が開始された場合など）、そのとき信託を終了させるのか、それとも予備的な指図権者がいて信託をなお継続させるのか、なども決めておかなければなりません。

　この信託は当初、受益権をオーナー経営者が全部持っている形でスタートしています。後継者はまだ１株も有していません。株価が低い今のうちに後継者になるべく多く自社株を移転しておきたい、という要望もあるかもしれません。

　その場合は、信託条項を変更して、自社株の受益権を受託者に譲っていけばいいのです。受益権の移動があるので、この信託は一部「他益信託」になるわけです。譲った分だけ「その時点の評価額により委託者から受託者への**株式の贈与**が行われた」と税務署はみなすことになります。受託者が優秀で、どんどん業績が上がるようなときには、"**みなし贈与**"を活用することもおすすめです。

逆信託で後継者を伸び伸び育成

　最後は逆転の発想です。

　委託者と受託者をひっくり返しました。

　株価が安いうちに社長が後継候補に全株式を生前贈与します。贈与された後継候補はすかさずこの株式を現社長に信託し、当面の間は経営を続けてもらいます。"後継候補"としての地位を盤石にしてもらった上、自分は研究を継続でき、時間をかけて地元での人脈作りにエネルギーを割ける、という父娘の息が合った大作戦です。

　この信託が想定している近未来像は〈トップリーダーがいずれ交代し、

今後は急成長が見込める IT 系技術会社に転身する〉です。

委託者兼受益者となるのは、次期代表取締役となる社長の娘であり、現オーナー経営者が受託者となるという「逆信託」です。

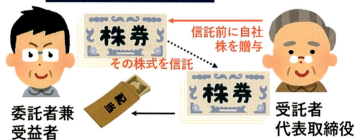

AI を手掛ける国内トップメーカーの開発課長を務めていた長女が高齢出産をしたのを機に、父がオーナー社長を務める静岡の製造機械メーカーに再就職しました。娘は理工系の天才技術者で、人柄も温和で国内、欧米と IT 人脈も広く、一方、父の工場も加工技術は国内有数と言われながら大企業の下請けに甘んじ業績は伸び悩んでいます。

父は娘が帰ってくるのを機に、即座に後継者に据えることを決めました。その事業承継の手段がこれだったのです。

将来の自社株高騰に対処する方策

いくら国内屈指の会社の課長を務めていたとはいえ、いきなり社長に据えれば、（中小企業経営の手腕は未定なのですから）社内外からさまざまな"摩擦"が起きると予想されます。とはいえ、社長が何も動かなければ「風」は起こらず、起きたときには自社株の価値が急騰して予想外の継承コストがかかってくるかもしれません。

それで思い切って、**自社株全部を娘に生前贈与**することを考えました。贈与税も一括して払い込んでしまいました。

これで娘のマネジメント負担は軽減します。今は拙速に経営を学んでも

らうより、商品の質を上げ、新商品を開発するのが先。娘を開発本部長とし、自分は代表取締役を続け、今後のことを見据えながら内外の環境を整えることに専念することにしました。

　真っ先に手を付けた環境整備が「自社株」のことです。100％のオーナー会社なので、この処理を誤れば会社の将来が揺らぎます。娘には、技術も営業センスもあると思っているので、危なげない形で承継できれば会社の体質は変わり、いずれ"よく稼ぐ"中小企業に育つ、という希望が出てきました。株価の安い今こそが自社株譲渡の時機です。そこで使ったのが逆転信託です。

　今までは株式を譲れば、即社長交代。大激変！

　それを見事に回避するのが、家族信託のこの手法でした。信託では、自社株を管理する受託者が議決権を行使します。受託者こそが実質的な経営者ですが、その任に現職社長が就くのです。

　「そんな手があったのかぁ！」と、この方法を初めて説明されたとき、社長は声を上げました。

　時期が来たら社長は勇退していきます。その方法は簡単です。信託財産である自社株式を少しずつ信託から外し、委託者に返還するだけ。そして社内外に次期後継者への期待が高まった時点で信託を終了させ、全株式を後継者に移し、新社長を誕生させます。

Ⅵ　家族信託は、遺言より強力な承継機能あり

　認知症対策の「居宅売却信託」に次いで、近ごろニーズが高いと感じられるのは「遺言代用信託」です。
　皆さんお気づきではないようですが、**遺言の承継機能は案外、弱いんです**。弱さの一因は、遺言自体の脆弱（ぜいじゃく）性です。さらに、人生100年時代で遺言者が今まででは考えられないくらいの高齢になるために起こる"弱さ"もあります。遺言は「書いたからもう安心」と言えるほど堅固なものではないのです。
　まず「遺言の脆弱性」を説明してから、「家族信託の承継機能の頑丈さ」について解説します。

書き換えや"相続人の謀反"

　▽遺言の脆弱性
　①　遺言者自身が、いつでも書き換えられる。
　②　第三者による書き換えの恐れ。
　③　相続人全員が一致すれば、遺言を無視できる。

　①について

　遺言が書き換え自由であることは、遺言者が元気なうちは「利点」であっても、「弱点」ではありません。しかし高齢になれば人間の意思・判断能力は衰えます。80歳までは元気だった人も、それ以降の人生は山あり谷あり。人間コンピュータも"経年劣化"を免れません。
　そうなったときの最大の問題は、「近づいて来る者に対して弱くなる」という人間の性質です。古くは「リア王」のたとえ話。長年の末娘の献身に目もくれず、にわかに近づいてきた者の甘い言葉に惑わされ、自ら滅びの道を選択します。現在は、親と同居する人さえまれですから、最後に近づいた者勝ち。70代で書き残した立派な遺言を、そそのかされるままに

公正証書で書き換えてしまう、という"事件"が後を絶ちません。

②について

　これは言わずもがな。自筆の遺言を黙って書けば、探されて隠される、破棄される。家族に「遺言した」と言っておけば、今度は誰かが書き換える。そんなことが起きる確率は低いでしょう。すればその者は相続欠格となり、すべてを失いますから。でも、確率はゼロではないかもしれません。

③について

　案外知られていませんね。でも、遺言はゼッタイ的に相続人に対して強いわけではありません。故人の遺志ですから、民法はさぞや遺言者の遺志を尊重するのだろうと思いましたが、判例は「相続人が全員一致すれば遺言通りにしなくてもいい」。これは相続人の"謀反"みたいなもので、遺言者としては悔しいでしょう。

成年後見人が相続財産を勝手に処分

　①は本当に深刻。これからますます不幸な事例が出てくると思われます。遺言を、遺言者の意思を実現するための唯一の手段と考えると、〈**書き換え自由。しかも後の遺言が有効になる**〉という遺言の性質はいかんともしがたく、防ぎようがありません。後からの遺言が公正証書で作られると、公証人と2人の証人の計3人の目を通っているわけですから、これを「本人の判断力なし、無効」とするのはなかなか難しそうです。

　これに関連して、さらなる遺言の驚くべき弱点が、最近になって分かってきました。それはこれです──

　④　成年後見人に、遺言者が元気だったころに書いた遺言が無視されて、遺言で指定した財産が処分される。

　これは困った"事件"ですね。もらえるはずだった人にはショックでしょう。しかし、「やむを得ない」と家庭裁判所が判断すると、受遺予定者の権利は守られません。

①〜④までは、まれな事例と言えるかもしれません。順に説明したので、もっとも肝心な事例が後回しになってしまいました。
⑤　遺言は本人が亡くならなければ効力を発揮しない。

遺言では生前対策が行えない

あまりに当たり前な遺言のこの性質こそが「遺言の弱さだ」と私は思います。生前対策の機能が遺言にはまったくないのですから。

このイラスト、覚えていらっしゃいますか？
黄色のだ円は今、付け加えたのですが、60代、70代の遺言者が何よりしたいのが、「黒線より右（遺言者の死亡）のこと」なのでしょうか（特別な病気をもっていれば別ですが）。むしろ生きている今、一番大事なのは、これから死を迎えるまでの時期なのではないか、と思うんですよ。
私の経験でいうと、60代の後半の今、自分の財産がいまだに確定していません。母はまだ生きていますし、子や孫に、生きているうちにしてあげたいことがいくつもあります。一方で、妻とふたりの今後のことを考えると『もっと倹約するべきだ』と思うし、元気な盛りの頃に建てた家は広すぎて、『移り替えもしたい』とも思うのです。
そんなこんなの事情で、遺言を書きたい、書いておくべきだ、ということがわかっていても書けないんです。

しかし人には「今すぐ書きなさい」とすすめているんですよね。矛盾です。ただ、人を急かす理由はもちろんあります。80代も後半になったら、自分が生きている保証はないし、認知症や脳梗塞に見舞われていないとも限らない。遅くなればなるほど"高齢リスク"が高くなることは避けられないことです。

一刻も早く、①これからのこと（生前）、そして②自分がいなくなってからの財産仕分けのこと（死亡後の財産承継）は考えておきたいと思っています。

遺言は信託に口出しできない

そこで家族信託です。

遺言より、私はだんぜん家族信託することをすすめます。なぜなら、①②の「書き換えリスク」も防げるし、③の「相続人の謀反」も封じられ、さらに④の成年後見人の"暴挙"とも無縁、さらに⑤「生前対策こそ重要」は家族信託の得意中の得意――だからです。

「家族信託契約を結んだ後に委託者が、遺言を書き換えてしまったら、おしまいじゃあないか」という声が出てきそうですね。大丈夫です。家族信託はどんなときでも遺言に優越します、から！！

後から遺言を書かれたらそれが最終的に優越する、と考えてしまうのは、民法的発想のクセが私たちから抜けないからです。

遺言で承継を左右できるのは、「信託財産になっていない財産」だけです。次ページのイラストで言えば家と土地、そして大金はすでに信託財産。100万円だけが信託財産にしないで遺言者（この人が委託者）が持っていたとすると、遺言に書いて有効に承継を指定できる財産は「100万円」だけ、ということになります。他の大金と不動産は、元委託者のものですが今は受託者名義で管理していますから、「誰のものでもない財産」とし

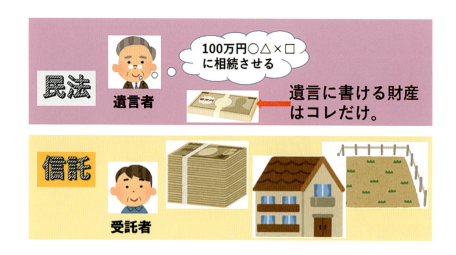

て、上の「民法上の財産」からは外れており、いかなる言葉を使ってもこれに遺言の効力を持たせることはできません。

　信託財産は、信託契約書の条項によってのみ、その帰属先を指定することができます。

遺言が信託に負ける理由
〈信託契約が前、遺言が後〉
　信託財産は"誰のものでもない財産"となり、もはや委託者のものではないから口出しできない。
〈遺言が前、信託契約が後〉
　遺言者（委託者）が遺言で指定した財産を信託財産とすると、遺言の財産の指定を遺言者が取り消したとみなされるから、遺言は意味のない文書となる。

第7章
委託者死亡後も続く家族信託

○○なき後に大切な人を守る、
信託のみが成し得る手法

　こからは、「自益信託」のうち「委託者が死亡しても信託は終了せず、次の受益者が登場する信託」を紹介していきます。委託者の死亡よって新たな人が受益権を得るのですから、民法で言えば「相続」に相当します（現に、信託財産の価値が相続税の基礎控除額を上回る場合には、受益権の承継について相続税が課せられます）。

I　夫なき後の認知症の妻の暮らしを守る信託

　典型的な例を第1章で「X氏ケース」として紹介しました。X氏には認知症を発症している妻Yさんがいて、妻を守るためにX氏を委託者、娘のAさんを受託者とする家族信託契約を結ぶという話でした。
　また第6章Ⅲ項では、ワンセットで夫婦を守っていくという信託が「家族信託のプロトタイプ」の一つですということも書きました。今からご紹介する信託も、その構造は前の2例と少しも変わりません。
　XからYに受益権が移っても、信託財産は「名義」を持つ受託者のAが管理し続ける、という構造です。［次ページのイラスト］

何度も聞かされているので、皆さんにはイラストの意味がよくおわかりだと思うのですが、家族信託の話は「受益者」が代わるだけで別の信託に見えてしまいますから、ご注意ください。

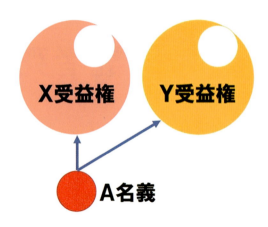

例えば2番目の受益者が「認知症の妻」ではなく▼重度の知的障がいがある娘だったら、どうでしょう。▼重度の精神疾患や脳機能障がいのある子、▼ひきこもりの子、▼アルコール依存症の妻、極度の浪費家の子──などの場合は？ 登場人物や周囲の環境がどんなに代わっても「親なき後の問題」「配偶者なき後の問題」は、家族信託のプロトタイプ（ワンセットで夫婦を守る）と構造は同じですから、家族信託を使えば、必ず展望が開けます。

家族信託の神髄は「**受託者が、委託者に代わって財産を管理する**」です。そして第2受益者のいる家族信託は、委託者の財産を第2受益者のために使うために、（必ずしも財産管理される必要がなくても）委託者をあえて当初受益者に据え、委託者の死亡とともに「真の目的（第2受益者を守る）」が動き出すようにしているのです。

第 7 章　委託者死亡後も続く家族信託

Ⅱ　最良の選択を、見誤らないでください！

末期がんの夫・妻は認知症、どうしたら妻を救えるか

　以上はわかりやすい信託の流れなのですが、家族の状況にちょっと別の要素が入ってくると、途端に信託で解決できるかどうかが分かりにくくなってしまいます。その例を示しましょう。

　最近相談があった事例です――。

　当事者たちは初め、家族信託の有用性に気づきませんでした。

　相談者はSさん（以下、敬称を略します）。亡くなった父親の2番目の弟Aは末期のがんにかかっていますが、Aの気がかりは、認知症の妻Bの自分なき後のことです。2人に子はいません。このほどふたりとも同じ施設に入所しました。夫婦の面倒を、近くに住むすぐ上の兄Tが見ており、Tから相談を受けて姪のSさんが私に助言を求めてきました。

　Tは「Aの資産はあまりないので、いずれAの居宅を売却して生活費や医療費に使いたい。私がAの代理をするために任意後見人になろうと思うが、Aにはむしろ成年後見人を付けた方がいいのか、迷っている」とのことでした。またAはがんを患っているとはいえ、今のところ意思・判

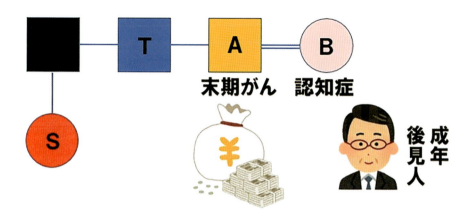

断能力はあるので「Aに遺言を書くように促している」ところだそうです。

　この問題の本質は、A自身のことより、自分のこす財産で自分なき後にBを守れるか、誰が妻を守ってくれるか、ということです。これを解決しなければなりません。

　残念ながら、Tが考えていることはいずれも"B問題"の解決にはなりません。A自身の状況があまりにも厳しいため、意識がAのことばかりに向き、夫婦のことをワンセットで考えていないからです。重要なのは、Aは末期がんですが、意識や判断能力はあるということ。一方Bには、すでに判断能力がないということです。この場合、「Bの暮らしを守ることができるのは家族信託しかない」というのが私の見立てです。

任意後見では認知症の妻を救えない

　他の方法ではダメな理由を、順に解説します。

①TがAの任意後見人になる

　Tの目論見は、Aの居宅を売却して金融資産を増やし、その財産を自分が管理して、Aの生活を守ると共にBの療養費等もそこから支出する。そしてAの死亡後は、Aの財産をそのままBのために使う――というもの。

　Tは任意後見契約を完全に誤解しているようです。

　任意後見も成年後見も、本人（この場合はA）を守るための制度ですから、BのためにAの財産を使うのはお門違い。許されるのは「AのBに対する扶養義務の範囲」を代理支出できるだけであり、金額は限られてしまいます。

　家の売却については、ふたりの医療費・看護費の増大で家計が窮迫している事実があるので、任意後見監督人（バックに家庭裁判所がいる）も文句は言わないでしょう。

　このように、任意後見には必ず士業の任意後見監督人が付きますから、Tが任意後見人になったとしても、財産管理が自由自在にいくわけではありません。また成年後見人報酬の半分相当の監督人報酬がかかることも、

家計にとってはマイナス要因です。

　さて、Aが亡くなったらですが、A死亡と同時に任意後見契約は終了となり、Aの遺産はBに相続されます。すでにBは重度の認知症ですから財産管理はできず、TはBのために成年後見開始の審判を申し立てるほかなさそうです。

夫に成年後見人を付けても無意味
②Aに成年後見人を付ける

　この選択は最悪です。Aの体力、気力は落ちているので一見、後見相当に見えがちです。しかしTが後見の申し立てをしてしまえば、保佐人か補助人が付くことになるでしょう（裁判所も成年後見相当とは見誤らないと思います。面談すればAの常況はわかるはずなので）。

　後見人等の仕事は、Aの財産を管理することと、病院、施設関係の手続きをする身上監護のみです。**Aの財産でBの暮らしをみるのは後見人の任務ではありません。**よって後見人等は、Bのために別の後見人を立てるように動くでしょう。結果的に、Aの後見人等の仕事は居宅を売却することだけで、（Tの期待に反し）**Bに関することは一切しません。**それなのに、ボーナス付きの高い報酬（不動産売却による特別報酬）を払うことになります。

　Aの死亡と同時にこちらの後見は終了。遺産相続が行われ、Bの成年後見人が遺産のすべてを持っていき、以後Bが亡くなるまで管理することになります。この間、Tは（公的後見人がいるために）AのためにもBのためにも何もすることができません。

負担付き遺贈の遺言も難点あり！
③Aに遺言を書かせる

　Aに気力が残っていれば、「**負担付き遺贈の遺言**」と言われるものを書くことができます。「Bの面倒を一生みることを負担として、Tに全財産

を遺贈する」といった内容の遺言です。

　この案は、①②に比べればまだしもマシな案です。

　Tが信義に厚い信用できる人間であることを前提にお話しします。遺言は、言うまでもなくAの死亡後に初めて効力を発揮します。よって、Aの居宅を売ることができるのはAの死亡後になります。遺言により所有者はTになりますから、誰はばかる必要もありません。

　Tが（Aから遺贈された財産＝今はTが所有者）をBのために使ったら、贈与にはならないのでしょうか。税務署の見解は「Tの扶養義務の範囲なら贈与にはならない」とのこと。少しほっとしました。

　ただ「扶養義務の範囲を逸脱するとダメ」なので、多額の金銭を渡すことは難しそうです。たまにBを連れてぜいたくな旅行をする、などのことは微妙です。

　そんな細かな論点はわきに置くとして——

　最大の問題は、高齢のTが亡くなると、**TがAから承継した財産は**（遺言にいかなる条件が付いていたとしても、相続した途端に完全にTに所有権が移りますから）**Tの親族の相続財産になる**、ということです。Tの親族に「Bの面倒をみ続ける」という意識があるか、という問題と、今度はBのためにすることは確実に「贈与」になりますから、行為能力のないBがどうやって税を払えるのか、という問題に行き当たります。

家族信託を使えば認知症の妻を救える！

　A本人も、相談者のSもTも、Aの資産で認知症の妻Bの老後を守りたいと考えてスタートしました。しかし民法の下で行う後見も遺言も、いま解説したように「Bの問題」の根本的な解決にはなりませんでした。Aの財産をBのために使うということは、本人が行えば至極簡単なことなのに、第三者が代わって行うとなると、途端に、とても難しいことになってしまうのです。

　しかし家族信託の手法を使えば、それができるようになります。

下のイラストは、Ａの財産を「受益権」に置き換えたものです。

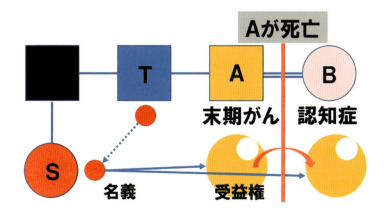

〈Ｂの老後を守るための家族信託〉

委託者：Ａ

受託者：Ｔ（当初）→Ｓ（Ｔ死亡後の後継受託者）

受益者：Ａ（当初）→Ｂ（Ａ死亡後の**第2受益者**）

信託目的：Ａのために財産管理を行い、Ａ死亡後はＢのために財産管理を継続し、Ｂの老後の暮らしを守る

信託財産：Ａの居宅（土地・建物）とＡの金融資産

　Ａの生存中は、名義をもった受託者Ｔが、Ａのために財産管理を行います。Ａが所有していた財産は、居宅を含め大半が信託財産になっています。信託目的にかなう限り、Ｔは自分の裁量で財産管理を行うことができます。後見制度だと後見人は「Ａのために」財産管理を行い、Ｂへの支出については抑制的ですが、家族信託の場合はそこまでしゃくし定規ではありませんからＴは、Ａが今までしてきたことにならって、Ｂのために金銭を支給することができます。

　さらにＴは、Ａ、Ｂの様子を見ながら、『もう自宅でふたりが暮らすことはないだろう』と判断したときには、Ａの居宅を売却することができま

す。換価で得た金銭は信託財産に追加し、AとBの生活費と療養看護費等に使います。

　Tが好き勝手に家を売却しないか心配する他の親族がいるような場合は、その人を「受益者代理人」または「信託監督人」として契約に盛り込み、Tを監視することもできます。Aに意思能力があるときには「AとTの合意」で、Aの判断力が落ちたときには「受益者代理人とTの合意」で売却できるようにしておきます。

AからBに受益権が移っても管理するのは受託者

　Aが死亡すると受益権が「A→B」に移ります。

　Tは、今度はBのために財産管理を行います。このようにすれば、Aが生きているときから死亡後まで一貫して、Tという"Aの分身"の手を借りて、Bの暮らしを守ることができるわけです。

　TはAの兄なので、Bより先に亡くなる可能性もあります。それを見越して契約書には後継受託者も指定してあります。Tが亡くなったらSが代わりに受託者の役目を果たします。

　民法の「委任―代理」ではどちらか一方の死亡により委任事務は終了しますが、家族信託では必ずしも終了とならず、適当な時期が来るまで継続できるように設計するのが普通です。今回の例でいえば、"適当な時期"は「Bの死亡時」になるでしょう。

　Bが死亡して信託が終了すると、信託の残余財産は誰のものでしょうか。信託をしていないときは、A→Bへの相続により「所有者はB」であり、この時点の財産は「Bの財産」ですから、Bの相続人に相続されます。しかし財産は信託してあります。信託財産はAの物でもBの物でもありません。だから信託では、信託終了時には必ず「**帰属権利者**」を指名し、その人に残余財産を給付します。

　この信託の場合、帰属権利者としてはTがふさわしいと思いますが、

決定するのはあくまで委託者です。Tが信託終了前に亡くなっている可能性もありますから、Tを帰属権利者とした場合は、「TがBより先に死亡したときは○○○○を帰属権利者とする」といった予備的な条項も必要になりそうです。

いずれにしても財産が宙に浮かなくて済むよう、ここは知恵を絞って帰属先を決めることになります。

中途半端な財産にして大切な人を救う

"第2受益者を守るための信託"は、委託者が認知症の恐れのかけらもない元気な人でも一向にかまいません。この信託は、第2受益者に、所有権ではなく受益権の形で財産を渡すために、わざわざ当初受益者（＝委託者）を作っているからです。

受益権というのは、所有権から「名義」を引き算した、ある意味で"中途半端な財産"です。もらう側では好き勝手にその財産を管理したり処分することができないわけですから。しかし、それこそが信託の狙いです。名義が欠けた中途半端な財産だからこそ、❶分身の管理者をつくれるのだし、❷財産を自由に処分するという権利を受益者から"奪う"ことができ、❸管理者がコントロールして「定期給付」の形で受益者に財産を渡すことができるのです。浪費家やアルコール依存症などの人がお金で破たんするのを、これで防ぐというわけです。

所有権という絶対的に強い処分権限を、名義を他に移すことによって、あえて"骨抜き"にしました。これが、信託の大発明です。

委託者の健康状態に構わず早めに

家族信託のこの手法は、"問題を抱えている人たち"に財産が直接渡ってしまえば、もう使えません。渡ってしまえば、（契約能力がない、または欠ける）この人たちを委託者として信託契約することはあり得ず、受益者になる機会は永久になくなってしまうからです。

遺産を「管理者付きの受益権として渡す」には、自分が生きているうちにこの仕組みを作っておくしかありません。

　《だからといって、私は認知症にかかりそうもないし………》と、自分の頭脳が明晰であることを嘆かないでください。老化というにはほど遠く、元気が有り余る健康なあなたであっても、［自分なき後に心配な人がいる］場合は、ちゅうちょなく「家族信託」の使用を検討してください。

　信託するには、3つの方法があります。

① **予防的に早めに第2受益者のいる家族信託契約をする**………後見制度と違い、家族信託は財産の名義を換える制度ですから、契約したからと言って「今日ただ今から財産管理はすべて受託者が行い、委託者は何もできない」と言うことはありません。信託財産に頼らず、信託していない預貯金は今まで通り本人が使うことができるし、受託者に当面の間は多めに自分に定期給付させ、委託者が窮屈な思いをしなくて済むようにすることもできるはずです。とにかく手遅れにならないよう、仕組みだけは早めにつくっておきましょう。

② **遺言信託をする**………遺言で指示をして家族信託を組成させます。委託者が会社やお店など事業をしている場合などは、自分の財産をいざというときの"保険"として自由にしておきたいという要望があると思います。いくら妻や子のことが心配だからと言っても、全部の財産を今すぐ信託するわけにはいかないでしょう。その場合には、遺言書で信託組成を指示するというこの方法が最適です。

　組成を指示するというより、**家族信託の契約書付き遺言**と言った方がよいかもしれません。この場合、信託は委託者の死亡と同時に発効します。委託者はいませんが、他の条項は普通の契約書となんら変わりません。

③ **自己信託を組む**………あまりおすすめしないので省略します。

委託者自身の心配よりも、本当の狙いは「財産を受益権化することで、心配でたまらない人に"専属の管理人付き"で財産を渡せる」という発想は、いかにも信託らしくて、契約書のつくりがいがあります。

次節では「福祉型信託」と総称されるこの信託と成年後見制度との兼ね合いについて解説します。

第3部　家族信託の事例

Ⅲ　障がいをもつ子の、親なき後の信託

今度は、第2受益者を救う家族信託の典型的な例を紹介します。
委託者：母S（70）
受託者：姉T（40）
当初受益者：母Sと高次脳機能障がいをもつ子U（35）
第2受益者：TとU
信託財産：母の居宅（家と土地2700万円相当）と現金1500万円。
※母の手元には信託に入れなかった預貯金1000万円があります。

『この信託は長期化するぞ!』

中学生の時に高所から転落したUは脳に打撃を受け、歩行はかろうじてできるものの、てんかん発作があるため企業で勤務するのは難しく、家に引きこもりがちになっています。障がい者年金は2級を受給しています。現在は母子ふたりで戸建て住宅に住み、生活費は教師だった母の年金

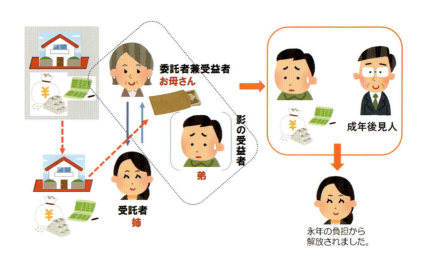

が主なものです。

　Sの体調はすこぶる良好で認知症の気配はありませんが、「自分が死んだらUはどうなる？」と、心配はつきません。嫁いで隣市に住みファイナンシャルプランナーの事務所に勤めている姉が見かねて、こんな家族信託の提案をしました。

　「お母さんが亡くなったら、弟が自宅でひとり暮らしをするのは無理でしょう。空き家のまま置くわけにはいかないから、その時にはお母さんの家を売って、施設などの費用に回しましょう。私が受託者という者になって、家の売却手続きや施設費の支払いなどは私がやりますから大丈夫」

　Tと母親は定期的に連絡を取り合っているので、互いの事情はよく分かっています。「今は70歳だからまだ元気だけれど、10年後まで心身ともに元気とは限らない」と、最近耳にすることが多くなった家族信託を提案したのです。Tから相談を受けた私は、まず関係者の年齢を聞きました。それから財産の評価。真っ先に思ったのは「この信託は長期化するぞ。どこで撤退するかがポイント」ということでした。

受託者の逃げ道をつくっておく

　信託の設計者として、いつも肝に銘じているのは「無理は禁物」ということです。70歳の母Sの平均余命は20年です。40歳のTは48年、弟Uは47年。想像を絶する………長さです。知的な障がいをもつ人の世話は神経を使います。体力、気力がないともちません。寿命いっぱいまで子のために尽くせ、というのは酷な話ではありませんか？　そうなると受託者Tの出番が早まるかもしれません。10年後には母と弟と両方のことを抱えて、仕事どころではなくなる可能性も。そこで終わるのではなく、それからが本当の「始まり」です。Uの平均余命までなお32年（次ページのイラスト）。

　そんなに長く、受託者に"負担"を負ってもらうべきでしょうか。母親ではなく、姉なんです。TにはTの家族がいます。信託の設計をすると

き、机上の考え、頭だけでひねり出した知恵は往々にして現実の前で破綻しがちです。だから私は「逃げ道も残しておきましょう」と提案しました。

「逃げ道」とは、「弟のための介護を、やり通さないこともありだ！」ということです。Tが40歳で受託者になっても、最初の10年は母親が元気で、Tの出番はあまりないでしょう。10年後、Uが体調を崩して施設入所を考えるようになって初めて、Tは負担を感じるようになります。母が施設に入所しても、Uがすぐに「施設に入りたい」と言うかどうかはわかりません。ひとり暮らしとなるUの世話をみつつ、施設に入るよう説得もするでしょう。片ときも安心できませんから。この間にTはクタクタになりそうです。5年後、50歳の時にようやくUは施設に入ることを了承しました。Tはそれからも10年、見守りを兼ねて施設に通い続け、費用を直接届けています。

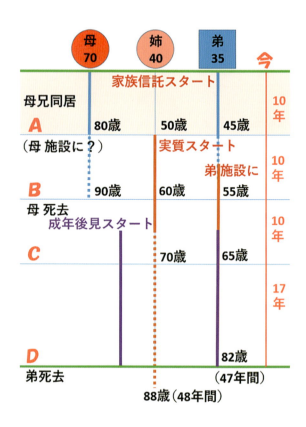

Tはこのとき、65歳になります。受託者になってから25年、この信託終了が受益者Uの死亡、ということになるとあと22年間も弟の人生に沿って生きていかなければなりません。実り多い人生の中盤、そして自分

自身の老いのことも考えなければならない人生後半から終盤まで、弟に捧げつくしたような人生になります。

受託者主導であえて信託に見切りをつける

以上が、Tから相談されて私が考えたストーリーです。

信託のことを母親に話したT自身も、信託がそこまで自分の人生に深くかかわりを持つとは考えていなかったと思います。

Tがひとりきりで考えなくて済むよう、この信託に▼受益者代理人と▼信託監督人を置くことにしました。受益者代理人はTの夫。はじめはSの受益者代理人となり、S死亡後はUの代理人になります。信託監督人には私が就任しました（当然、後継監督人も決めてあります。どうみても私はUより長く生きそうにありませんから）。信託変更を、この3人で行えるようにしておきます。「無理だ！」となったときに、いつでも信託を終了できるようにするためです。

重要なのは「信託の期間」です。前ページの「信託推移表」とにらめっこして、「信託契約締結の日から25年」としました。ただし、受託者と受益者代理人が合意すれば「延長することができる」としてあります。他の条項の変更は、信託監督人の了承がなければできません（夫が妻を監視する設計ですから、「ふたりの合意」だけで変更ができると、信託を自由に代えられるので、第三者である信託監督人を加えました）。しかし信託の延長については"受託者の気持ち"がすべてです。受託者の意思を尊重するよう、ふたりだけで決められるようにしました。

このへんは契約書後半の「信託の終了」で盛り込んでいます。

第〇条（信託の終了）
1　信託期間が満了したとき
2　受益者Uが死亡したとき
3　受託者Tと受益者代理人が信託終了で合意したとき

信託終了時に公的後見制度に託す

　さて、ここからが重要です。上記1項、2項で終了したときは、残余信託財産をどうするかだけがポイントになりますが、3項「合意の終了」で目指しているのは、「弟のことは、今後は公的後見制度に委ねます」ということなのです。さらりと書いてありますが、非常に重要な内容です。その重要さをはっきり表すために、以下のような条項を設けました。

> 第〇条（受託者及び受益者らの合意により信託が終了するときの清算手続き）
> 1　第〇条第3項の事由が起きたときに清算受託者は、残余の信託財産を残余財産受益者のT及びUに等しい割合で給付します。
> 2　そのときに残余財産受益者Uが事理弁識能力を著しく欠いているときは、清算受託者は、後見開始または保佐開始の審判を家庭裁判所に申し立て、**Uに給付される財産の管理を後見人等に委ねることができます。**
> ※Sの居宅が売却されていないときは、清算時に換価することになりますが、その条文をここでは省きました。

　私はここまで、成年後見制度に批判的な意見を繰り返し述べてきましたが、この信託については、当初から「どこかのタイミングで公的後見制度にUのことを託す必要がある」と感じていました。ふつうの家族がいて、手を差し伸べるべきときに手を出す家族がいるなら、認知症などの障がいのために成年後見制度を使う必要はないと思いますが、老々介護状態にあるとか、子が遠方におりどうしても支援ができないような場合には、最後のよりどころは必要です。

　SとTが家族信託契約を結んだ時点でTの脳裏にあったのは、「老齢になる母の負担が大きすぎるだろう」ということでした。しかし、この信託を続ければ、T自身にもその負担がかかってくる可能性があるのです。「家族だから仕方ないだろう」では済まない心身両面の負担感です。Tの場合は"老々介護"と同様に、受託者側を救う手立てを考えておくべきです。

「特定贈与信託」は有用だが、使いにくい面も

　この家族信託を利用することを検討している人は当然、ご存じだと思いますが、国が知的障がい者の将来の福祉を確保する手立てとして「**特定贈与信託**」という優遇策を創設しました。同信託は、親などの親族が金融資産を信託銀行等に託した場合、重度の特別障がい者の場合6000万円まで、中低度の特定障がい者の場合は3000万円までを非課税にする、という制度です。

　この制度は、家族・親族内に適当な受託者がいない場合、非常に有用な家族信託の代替手段になります。信託銀行等が受託者になるので受託者難が解消、さらに「委託者：親、受益者：子」という**他益信託**なので通常なら贈与税がかかるところ、これも非課税にしてくれるというわけですから、使わない手はない、と言いたいほどの国の大盤振る舞いと言えます。

　しかしＳとＴはよくよく考えた結果、使わないことにしました。なぜだかわかりますか？

　202ページの信託財産を見直してください。

　不動産2700万円、現金・預貯金1500万円、信託財産以外に1000万円の総計5200万円です。このまま今Ｓが亡くなると、居宅の相続次第では相続税が最大100万円かかる可能性があります。しかし同居中のＵが相続する方が自然ですから、この場合、相続税は小規模宅地の特例が使えてゼロ円になります（相続人に判断能力に難のあるＵがいますから、「全員一致」が必要な遺産分割協議を避けるためには、Ｓが遺言を書く必要がありますが）。

　つまり、使う必要がないことと、もうひとつ、特定贈与信託にはいくつか使いづらいところがあるからです。

　▼信託銀行等が定期給付してくれますが、受益者（つまり障がい者）の通帳に3ヶ月、または半年に1回給付すること。「定期」の時期が長すぎるんですよ。それと、障がい者が受け出すことになっているのも問題で、重度の精神疾患がある人では受け出しができず、新たに成年後見人をつけ

なければならない、ということになります。

　▼また、最低信託額が1000万円であることも庶民にとってはきついでしょう。実際にＳは当初、信託財産にする金銭のうち1000万円を特定贈与信託に入れるつもりでした。でもそうすると、信託内のすぐに使えるお金は500万円になってしまいます。

　この２点を考慮すると、（Ｓの場合は）節税的なメリットもないわけですから、家族信託でしっかりきめ細かく管理してもらう方がいい、との結論が出ました。

　つまり特定贈与信託が使えるのは、委託者や家族の生活費を気にせず、ポンと3000万円〜6000万円を信託財産にできる富裕層に限定されそうです。それよりなにより、せっかく家族の力で弟を守ろうとしているのに、通帳からのお金引き出しのために成年後見制度を使うと、そこから延々と弟への後見が続いてしまいます。家族信託の財産は姉が管理し、特定贈与信託のお金は後見人等が管理する――、ということですが、姉は常に後見人等との調整を迫られることになるでしょう。そうなると、《家族のみの裁量で弟を守っていく》ということは事実上、難しくなると言わざるを得ません。

　いずれにしても、判断能力に心配なところがある人を第２受益者とする家族信託の場合、**成年後見をいずれ使うつもりかどうか**、**特定贈与信託をどうするか**など、綿密な計画を立て契約を結ぶ必要があります。

Ⅳ　後継ぎ遺贈型受益者連続信託の活用

　「遺言には限界がある」と書きました。例えば自分の財産を、「私が死んだら全財産を妻の○○○○に相続させる。妻が死んだら遺った財産を長男△△△△に相続させる」というような遺言は、書いたとしても無効とされてしまいます。妻に相続させた瞬間に、財産は妻のものですから、次の承継の主人公は妻であり、財産の元の持ち主ではなくなるからです。しかし「**後継ぎ遺贈**」の言葉が今もあるように、代々相続させたい、あるいはもっとわがままに「まずAに、続いてBに、その次はC、さらに……」といった希望を持つ人は少なくないようです。

　結論から言いますと、**受益権を使えば**、家族信託で後継ぎ遺贈の承継は可能になります。ただし与えるのは「受益権」ですから、もらった側に"処分権限"はありません。例えば「家」の受益権を承継した人は、ほとんど家を相続した場合と変わらずに家を使うことができますが、賃貸したり売却してお金に換えたり、自らの意思で相続させる――などのことはできません。中途半端な権利を与えることになるので、もらった側に不満がでないようにするには工夫を要します。

受益者死亡で受益権はいったん消滅！？

　いちばん単純な形はこちら（次ページのイラスト）。夫（S）が妻（A）のことを心配して娘（T）を受託者とする家族信託です。受託者は赤丸で表現した名義をもち、当初受益者でもあるSは信託財産とした自宅に妻と共に住み、受益権として一定額をTから給付を受けます。Sが死亡したらSの**受益権は消滅、新たに発生した受益権**をAが取得します（この受益権はSが費消した受益権の残りです。不動産、特に土地は目減りしないで残っています）。

　Tは契約書に「自宅を売却する」という目的が書かれている場合は換価

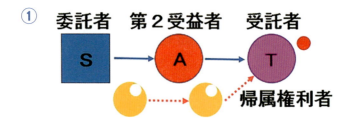

できますが、「自宅の土地」を代々承継したい趣旨なら、換価処分はできません。Aが亡くなると信託は終了、残余の受益権は帰属権利者であるTに渡り、名義と合わせ完全な所有権に戻り、Tは自由に自宅を処分できるようになります。

ところで、S死亡時点の法定相続人はAとTでした。実質的に全財産をAに相続されることになるTは、遺留分減殺請求ができないものでしょうか。財産に信託の網がかかっていても、Tには遺留分減殺請求権があります。しかしTは信託受託者として「妻を守りたい」というSの信託目的実現に貢献していますから、Tの遺留分減殺請求はあり得ません。また契約書では、母の死亡後の帰属権利者に自分がなっており、将来的な受益権は契約のときに約束されていますから、これも請求権が消える根拠になりそうです。

3番目の受益者は遺留分減殺請求ができるのか

次は本格的な受益者連続信託の例です。前の例でTに弟2人がいたとします（次ページのイラスト）。信託の目的は、「S所有の土地は先祖伝来のものなので、直系の者に代々伝えていきたい、具体的に言えばS→A→T→Dの順に財産を引き継ぎたい」、ということです。

この信託でもS死亡時に、Sの受益権は消滅、新た発生した受益権の全部をAが取得します。この時に、Tの兄弟B、Cに不満がある場合はAが得る受益権に対して、遺留分減殺請求ができます。ただしB、Cが承知の上で「第3受益者」になっていると、減殺請求することは「信義則に

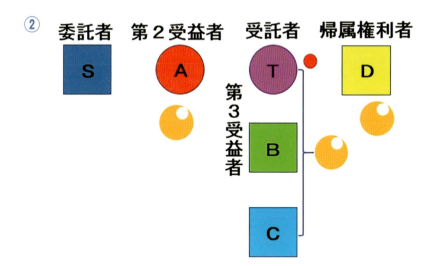

反している」とみなされそうです。

　いずれにしてもこの時点の遺留分の考え方は「相続」の場合と同じですから、わかりやすいと言えます。

　問題は次、第３次受益者の時にどうなるか。S→Aと渡った受益権は、ここでも消滅、新たに発生した受益権をTが単独で得るとすると、B、Cは猛然と反対しそうです（契約書に第３受益者としてB、Cの名がない場合）。この状況で、B、Cに遺留分減殺請求する権利はあるのでしょうか。ここは激しい論争点になっています。

受益権は相続により移転するのではない！

　先ほどから私は３回「受益権は消滅、新たに発生した受益権」と書い

> （受益者の死亡により他の者が新たに受益権を取得する旨の定めのある信託の特例）
> 第九十一条　受益者の死亡により、当該受益者の有する受益権が消滅し、他の者が新たな受益権を取得する旨の定め（受益者の死亡により順次他の者が受益権を取得する旨の定めを含む。）のある信託は、当該信託がされ

> た時から三十年を経過した時以後に現に存する受益者が当該定めにより受益権を取得した場合であって当該受益者が死亡するまで又は当該受益権が消滅するまでの間、その効力を有する。
> ※太字は石川による。

ています。そんな表現を使う理由は信託法91条(紫の枠内)にあります。

ちょっと意味が分かりにくい条文ですね。にもかかわらず、この**信託法91条**は専門家の間では有名な条文です。

主に2つのことを言っています。

▼1つ：受益者が死亡するとその者の持つ受益権はいったん消滅して、他の者（次の受益者）が新たに発生した受益権を取得する信託がある、というのです。イラストにするとこんな感じでしょうか。

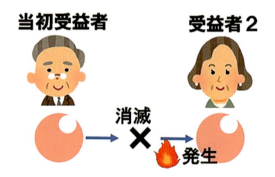

つまり、**消滅発生型**のこの信託の場合の受益権は当初受益者から第2受益者への「相続」で移っているのではありません、と言いたいらしいのです。民法にどっぷりつかっている大方の人にはなじみのない発想です。契約書に、①当初受益者〇〇〇〇→②第2受益者△△△△→③第3受益者□□□□と書いてあれば、前の順位の受益者が死亡するとその人の受益権は消滅し、ポッと新しい受益権（内容はその前の受益者が生前に得たのと同じ受益権）が発生し次順位の受益者が権利を得る。次の受益者は委託者の相続人でもいいし、そうでなくても構わない。この条文の創造者は、どうしても相続とは異なる財産承継法があることを言いたかったのでしょ

うね。(ちなみに相続税法では、その財産に信託法の網がかぶっていようといまいと、外形的に夫の死に伴いその財産が妻のものとなる場合、ちゅうちょなく「相続税の対象」としています)

信託の期間は30年目以降の新受益者死亡まで

▼2つ目：信託法91条が表現したいことの第2は、受益者連続型の信託は「30年をめどとして有限です！」と言うこと。(それにしても表現はわかりにくいですが)

「30年」がひとつの目安ですが、契約開始から30年たって以降に登場する新受益者が死亡するまでですから、(理論的には)数十年から100年近くも続く可能性があります。右のイラストをご覧になってください。30年を境にして、それ以降最初の受益者が死亡するまでがリミットですから、前順位の受益者が長生きすると、名前が契約書に書かれているにもかかわらず、受益者にならずじまいの人も現れるかもしれません(右の例)。なんとも先が見えにくいですね。

またその間、受託者をどうするかが課題となります。生身の人間ですから受託者が死亡したり判断能力を失ったりすることはあるわけで、複数の候補を立てておく必要があるでしょう。

信託法91条を引き合いに出したので、

話がそれてしまいました。

 消滅発生型の信託の話でしたね。これがあるおかげで、信託法はにわかに"魅力的"になりました。「受益権は債権ですよ」と何度か説明しました。物権である所有権で相続を考えると、人との関係を切り離すことができません。亡くなった人の財産は、その人が亡くなった瞬間に、（その人の所有物ではなくなり）その人の法定相続人の共有物になる、と考えられています。だから遺言がない場合は、法定相続人の共有財産になった「遺産」を分けやすくするために、共有者が全員集まり遺産分割協議を行い全員一致で処分法（分け方）を決めるわけです。

 遺産はこのように、民法法制下で考えると非常にめんどくさい財産です。ところが委託者が所有していた財産を信託財産にしておくと、亡くなったときでも、受益権は相続と関係なく、信託の契約書の指示通りに動かせます。しかも今回、信託法は91条で、信託財産の性質を"消滅・発生する特殊な財産"で、いわゆる「相続」とは切り離して考えていいよ、と認めてくれたわけです。

遺留分については、楽観的に考えない

 だとすると、遺留分の問題の「答え」は明確です。

 AがSから得た受益権は相続で得たものではないし、Sが亡くなって子のT、B、Cの誰かが受益権を得ることになっても、それは相続によって承継するものではない（民法の「法定相続分」と切り離して考えよう）、だから信託契約書に第3受益者はTであると書かれていれば、B、CはTに対して遺留分減殺請求する立場にはない。理屈の上ではそう言えると思います。

 しかし現実は、専門家の間ではいまだにどれが正解か、結論が出ていません。210ページの①については、受益者から外された家族（T、B、C）には遺留分減殺請求権があるという人が大多数です。どうしても「相続」のイメージが強いのでしょう。

一方、211ページの②については、Tが全部の受益権を得、B、Cは何も得られないのは不公平。B、Cには減殺請求権がある、という意見はむしろ少数派かもしれません。「消滅・発生」を信託法は認めているので、②の場合にまで「相続」を持ち出すと消滅・発生の観念は事実上、どこにも出番がなくなってしまいますから。

私は、信託法に基づく限り、①②とも遺留分減殺権が入り込む余地はない、と思っています。しかし日本の法曹界は民法至上と考える専門家が多いですから、最高裁判所の判断でひっくり返される恐れは十分ある、とも思います（この辺はもう、理屈ではないんです）。

ですから私は、どんな場合でも遺留分が発生するような偏った承継はしない方が無難、という姿勢で信託契約書を書いています。当然、遺留分相当額をどのように代償するかなど、複雑な契約書になりますが、係争回避のためには仕方ありません。

問題は「遺留分」だけにとどまらない

もう一つ、別のケースで考えてみましょう。

委託者のSは再婚して、Rと暮らしています。Sの子は長男T。Rには

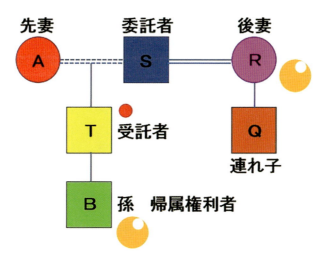

連れ子のQがいますがSとは養子縁組をしていません。Sは、自分が死んだら自宅土地建物はRに承継し、R死亡後は孫のBに継いでもらいたいと思っています。

　Tはこの家族信託契約を理解していますから、自宅の受益権がRに行くことは納得しています。問題はR死亡時のQの立場です。民法なら、Rの法定相続人はQただ1人。ところが信託の次の受益者はB。この場合に、Qは遺留分減殺請求を受託者のTまたは受益者のBにできるでしょうか。この場合は、「遺留分の問題は生じない」と考える専門家が多いようです。前の例との違いは、QとSの間に相続関係はなく、「財産はRが仮に預かっただけで、死亡後は"本流"に戻す」という考えが、受け入れやすいからなのでしょう。

　受益者連続信託の問題は「遺留分」だけにとどまりません。信託終了時に発生する「**登録免許税**」の税率問題（相続相当とみなされると1000分の4、そうでない場合は1000分の20）もありますし、地方税の**不動産取得税**が帰属権利者にかかるか、という問題も結論が出ていません（相続の場合はかからない、相続と認められなければかかるが、その場合、土地については3％）。

　さらに、受益者が連続すると「仮定」の話が複雑化します。人は順番通りに亡くなるとは限りませんから、「このような場合には誰誰にこれこれの割合で帰属させる」など、契約書が極端に複雑になりかねません。

　そういうとき私は、《手の届く範囲、今現に生きている人の範囲での承継にとどめてほしいな》と、切実に思います。理論的にはできるとはいえ、（財産が存在するために）人の将来を縛ることにもなりかねませんからね。

　いずれにしても受益者連続型家族信託は"取扱注意"、導入するに当たっては綿密な検討が必要です。

第8章
家族信託の困った、諸問題

後継受託者がいない、委託者が分かってくれない

I　受託者不足の家族信託をどうする？

家族信託の契約書を作成するときに一番困るのは、信託の当事者が少ない場合の対処法です。

信託当事者とは、委託者・受託者・受益者ですが、信託のスタート時点では「委託者＝受益者」であることが多いと、繰り返し書いてきました。すると**信託当事者の最小単位は「3人」ではなく実質「2人」**ということになります。委託者兼受益者と受託者しかいないケースと、委託者兼受託者と受益者しかいないケース（このケースは「自己信託」といいます）。母ひとり子ひとりの家庭、あるいは夫婦ふたりの世帯がその例でしょうか。

どうみても受託者不足になりそうですね。いや、受託者はいます、ですからこの家族信託ができないわけではありません。《でも万に一つ、受託者の方が先に死んだしまったら⁈》ということを心配し始めると、後継受託者が見つからないという意味での"受託者不足"です。その場合は「お手上げです」、と言いたいところですが、家族信託を切望している人々が

いらっしゃる以上、なんとかしなければなりません。

士業の受託者を「NO」とする信託業法

　家族信託が受託者不足に頭を悩まされる一因は「信託業法」にあります。この法律があるために、弁護士・司法書士・行政書士のような士業を営む者や株式会社などの一般的な企業は、受託者になることができません。「受託者を業として引き受ける」と信託業法に抵触してしまう可能性があるためです。

　「業として引き受ける」とは要するに、受託者になることを商売にしていること、あるいは報酬をもらわなくても、受託者を頻繁に引き受けると「反復継続している」と見られ、信託業法的には「アウト！」となる恐れがあるのです。

　この点、今の成年後見制度が弁護士・司法書士・社会福祉士らの士業をあてにし、専門職後見人が7割以上を占めている現状と比べると真逆ですよね。（あちらではバンバン使っているのに、こちらはどうしてダメなんでしょう……）

誰も人に自分の財産を管理されたくない

　ただ、これはあくまで私の個人的な感想ですが、士業の者が信託の受託者になれないことは、家族信託にとってはかえってよかったのではないかとさえ思っています。

　なぜなら、ふつうの人の感覚は、〈他人に自分のお金を管理される（あるいは管理させる）〉のは、気持ち良いことではないからです。

　成年後見制度は、やむを得ない最後の手段です。家族や、信頼する親族や友人に頼むなどの"ふつうの方法"では追いつかず、あるいはそのような人に恵まれない場合に万策尽きてたどりつく"最後のよりどころ"。また、管理を頼む人がそもそも意思・判断能力を欠いており、誰が管理者になろうと管理されていること自体を認識できていない、という特殊な事情

があります。

　だからこそ、この制度には一定の価値があるのであって、誰も決して、喜んで他人にお金を預けているわけではありません。

　それは家族信託も同様で、よほど理性的、開明的で、自分の先の先まで見つめる勇気のある人でない限り、たとえ子に対してであっても、人間はお金を託したくはないはずです。人の感情はそういうものなのに、もし家族信託に士業が「受託者」としての参入が許されていたら、仕事をとるような感覚で競い合いが始まり、成年後見制度以上にお客さまから"敬遠"されたかもしれないと思うんです。

管理型信託会社を受託者に

　脱線しちゃいましたね、話を戻します。

　委託者と受託者がいれば家族信託はできますが、不安定な感は否めません。それでも近い将来に認知症等のリスクが予見される場合は、完ぺきではなくても、「受託者がいないから信託中止」ということにならないよう、考えられる最善の手は打っておきたいものです。

　この場合の対処法は、3つほどあります。

① 「自己信託」を使う。
② 商事信託の一部を使う（**管理型信託会社を受託者にする**）
③ あくまで家族信託を使い、行けるところまで継続をめざす。

　自己信託（①）は、委託者と受託者を自分が兼ね、受益者を自分以外の人にする、といった信託です。例えば、夫と認知症の妻とふたりきりで子がいないような場合、妻のために使いたい一定の資産を信託財産として夫が管理。将来、自分が認知症になったり、自分の死亡後は②の管理型信託会社を後継受託者にして、妻が亡くなるまで信託を継続する、といったような例です。

初めから管理型信託会社を使う場合より、費用面で"節約"にはなりますが、長期間、不定期に待たされることになる信託会社が引き受けるかどうか分からないというところに、不安が残りそうです。

管理型信託会社（②）は、信託銀行のような信託財産の運用は行わず、管理型信託業務（委託者などの指図に基づき資産を管理する信託をいう）のみを行う会社です。企業形態は信託業法に基づき登録を受けた株式会社で、最低資本金は5000万円。このような会社は家族信託の受託者になれます。

家族が受託者になる場合は、報酬はゼロ円が多いですが、管理型信託会社は、金銭のみが信託財産で受益者に毎月一定額を給付するような信託の場合、月額1〜2万円の報酬に加え、契約時に契約書作成料として数十万円のコストがかかります（不動産が信託財産に含まれると報酬はアップします）。

それでも成年後見の後見人報酬、月額換算2〜6万円に比べれば割安なうえ、後見人に家族が何もいえない成年後見に比べ、管理型信託会社には委託者（お客さま）が指図を行えるので、受託者が親族内に見つからないような場合には、十分に候補になると思います。人間と違い"永続性"が期待できることも、強みでしょう。

ただし、後継受託者として仕事を受けてくれるかどうかは、難しい面がありそうです。「頼むなら当初から」ということになるかもしれません。

ここでも法定後見を"よりどころ"とする

3番目の選択肢は、私のおすすめです。

受託者のなり手がない問題をあえてここに持ち出した理由は、この本のテーマが「認知症対策としての家族信託」だからです。委託者になる人はほとんど高齢者です。そのうちのかなりの人は、いずれ認知症が深刻化するかもしれない人。受託者とはおおむね25－30年の開きがあり、「子が親に先立つ可能性」はあまり高くはありません。まして信託直後、または

5年、10年内に不幸に見舞われる可能性は低いといえるでしょう。

　とはいえ皆無ではないので、受託者が委託者より先に亡くなったときにはどうするか、という条文は必ず入れています。通常は、後継受託者を指名します。その後継者が見つからない………。その場合の対処例は、実は202ページから始まる「障がいをもつ子の、親なき後の家族信託」で書いています。**自分なき後は、委託者のことを法定後見制度に委ねる、**という選択です。

　受託者の死亡や認知症などにより信託続行が不可能になった時、信託財産は委託者に戻します。委託者の常況は悪化している可能性が高く、後見類型のどれかには入ると思われます。ただし「後見開始の審判」は家裁に申し立てしなければ始まりませんので、そこで受託者に換わり最後の役目を果たすため、契約で受益者代理人か信託監督人に士業者を指名しておきます。この人が申立権のある「四親等内の親族」を探すことになります。

　※信託の障害にならないよう、士業への報酬は"仕事"をしたときだけ、それも格安に設定しておきます。

　以上をまとめると、金銭的に余裕がある場合は管理型信託会社の活用、余裕はないけれど「親が心配」との思いで家族信託契約を結んだ場合は、自分が果たせなかった思いは公的後見制度に委ねる──ということになります。

Ⅱ　委託者が「うん」と言ってくれない

　表題のような例は、よくあります（残念ながら）。

　家族信託のご相談に見えるのは、おおむね受託者になる世代の40〜60代の方が多いです。つまり、親御さんのことを心配する子世代の方たちです。子から見れば親のことはよくわかるんですね。私もそうでした。しかし、親は頑固です。自分の「いや」は、頑として「いや」を通してしまう……。

　家族信託はひとことで言えば「親が子に財産を託す財産管理の手法」です。誰も喜んではそうしません。もしやるとしたら、**自分に不安がある場合**だけでしょう。私は今まで何度も高齢の方を対象に、講演やセミナーを開いてきました。家族信託に限りませんが、話す内容には自信があります。私自身高齢の域に入っていますし、わが家でこの十年来起きたことは"想像もできない大激変"でしたから、聴く人にとっても大いに参考になったと思います。

　認知症のこと、脳梗塞のこと、成年後見や家族信託、ブームとなった終活の話……。みなさん熱心に聞いてくださいますが、たぶん、右から左に素通りしています。「あなたの話ですよ！」とかき口説いても、「きょうはいい話を聞いた」で終わってしまう。本音を言えば、くやしいです。1人でも2人でもいい、実際に行動を起こしてほしいからお話ししているんです。本当に一刻の猶予の時間もない、差し迫った危機なんですから。

母が入院前に通帳を託してくれた

　親は、もっと説得がきかない存在ですね。そもそも聞こうとしてくれません。こっちはイライラ、カリカリ、腹が立ってきます。「少しは聞いてくれよ！　自分のことなんだからさ‼」、つい声がでかくなります。

　結果的に、わが家は手遅れでした。対策できたことは1つもなし。病

が突然やってきて、本人もこちらも右往左往するばかり。現実対応に追われ、あわただしく日々が飛び去った感じがします。

ただ家族にとって幸いだったのは、母が高齢者医療施設に入院するとき、肌身離さず持っていた"大切なもの（通帳や証書、印鑑）"をすべて私に託してくれたことです。

父もまた数年後に脳梗塞で倒れたわけですが、その際も病床で、筆談でしたが、通帳の在りかと暗証番号を懸命に伝えようとしてくれました。父は年齢なりに判断力の衰えがありましたが、家長として妻や家族を守りたいという気概は消えておらず、最後まで責任を果たそうとしたのだと思います。

おかげで、夫婦ともに寝たきりになるという経済的な苦境期も、なんとかふたりで貯めてきたお金で乗り切ることができたのです。

これを手本に、といいたいところですが、父にそういう判断力が残っていたのは「運」としかいいようがありません。一つ間違えば、私に指示することもできず、毎月40万円以上の介護費用でわが家の家計は押しつぶされていたかもしれません。

わが家の"事件"にひとつだけヒントがあるとすれば、やはり「きずな」です。長い間同居してきて、最後の最後「頼りたい」という思いがあるから、すべてを任せてくれたのだと思います。

証券口座は父とふたりで管理

それ以外は、悪い見本のようなものでした。

母の預貯金の大半は、お定まりのように定期預金になっていましたからまったく打つ手なし。しかもキャッシュカードを作らない主義の人だったので、普通預金も動かせません。ただ1つ救いがあったのは、地方銀行にある1口座だけは（父が説得したらしく）キャッシュカードを作っていました。父が亡くなり遺族年金が出るようになり、この口座がいきまし

た。年金の受取口座にして、そこから私が手作業で病院指定の信用金庫の通帳に振込、そこから病院には自動振替、といった経路で母の療養費は「母のお金」で支払うことができたのです。

　ふたりは証券口座も持っていましたが、こちらも半凍結状態。母が病気になったのは12年前ですが、そこからは取引をこちらから止めさせてもらい"冬眠"としました。父は80代半ばまでは取引をしていましたが、証券会社との電話でのやりとりを聞いていた私に不安感が生まれ、父と証券会社の両方を説得して「以後、私のOKがなければ株の取引はしない」という風に変えてもらいました。

　90歳で脳梗塞になるとさすがに父の投資意欲も衰えたので、証券会社に指示して一切の取引を止めてもらいました。（証券会社とは長いつきあいだったので、両親が高齢になってからは私が割って入り、そういう関係を構築できていました。）

通信手段を断つことまでやった

　わが家の話をなぜ長々としたかというと、高齢者の家庭で起きる困り事は、人は変われど出てくる問題はどれも似たり寄ったりだからです。このほかで起きたことは通販商品の山と、悪質電話と悪徳ファクスの横行です。通販はすべて悪とは言い切れませんが、高齢者の"お客さま"でもっているのがこの業界であることは間違いありません。電話勧誘がやみません。「お金貸します」のファクスも早朝、昼夜構わずかかってきます。もちろん特殊詐欺の電話も。

　頭にきて、使っていない商品についてはすべて断りの電話を入れました（通販は単発ではなく「定期お届け」が大半。しかも断るときには自動音声電話なので、高齢者は断ることができません！）。しかし元を断たなければラッシュはやみません。電話とファクスは両親の事務所にかかってきますから、すべてこちら（自宅）に転送するよう切り換えました。

　郵便物も重要な勧誘手段です。ですからそれも日本郵便に頼み込み、

「事務所に来る郵便物は全部自宅に届けてください」と、事務所の郵便受けはテープで完封してしまいました。

家族がコケにされてたまるか!

　なんだか笑い話のような話でしょ。しかしこの強硬策によって、ばかにならない金額の出費は止まりました。断っておきますが、事務所と自宅との距離はほんの200メートルです。そんな近距離にいても、私が家内の話を聞き、意を決して阻止行動を起こすまでには、2年間もの時間を無為にしたわけです。『大人のすることだから』と思うんですよ、相手は父ですし。『そこまでしなければダメなのか?!』と、信じたい気持ちがあって即断をためらわせました。

　父の浪費が始まったのは、考えてみれば母が病に倒れ長期の入院となり、事務所に1人でいる時間が長くなってからです。寂しかったのでしょう。これも、今だから言えること。事件が起きている当時は、そういうことにまで気が回りませんでした。

　恥ずかしいようなエピソードですが、こういう行動が取れたのは、わが家の結束力です。家族がコケにされてたまるか、という反発力ですね。この気持ちは、**成年後見回避**にも通じます。

　父のふるまいを見て、一時期《私が後見人になろうか》と思ったことがありました。その方が"外堀を埋めて自由を奪うようなやり方"より、スマートだとも思ったのです。ただ、いろいろ調べるとこの制度には「私が後見人に選ばれる」という保証がまったくない。万に一つでも、他人が父のふところに手を入れるのは気持ち悪いな——と、この選択肢は早々に放棄しました。

　本当に良かった。

　もしあの時、誤った思いのまま突っ走っていたら今ごろ私は、憤怒の鬼と化して、この制度と戦うはめになっていたでしょう。

100万円以上の「定期」は作るな！

　親がどうしても家族信託の意義を分かってくれない場合――、気を練らして静かに、ていねいに、やさしく説明してわかってもらうしかありません。しかしきょう「うん」と言ったかと思えば、明日には「そんなこと言っていない」と前言をひるがえすかもしれません。でも怒らないでください。簡単には納得できないはずです。

　急かすより、焦らすより、長期戦も視野に入れましょう。

　長期戦で一番大事なのは"兵糧"を絶やさないことです。あてにしていた銀行の預金が"凍結"に遭うと、一瞬にして計画が崩されます。だから親を説得するのと同じくらいあなたが真剣にやらなければならないことは、銀行に凍結させない作戦です。

　96ページで「代理人カード」を作ってくださいと書きました。兵糧を止めさせないためです。同時に、定期預貯金はお母さんの認知症がもう少し進むと、預金も貯金も解約できなくなることを親に伝えましょう。危機感を持ってもらうのです。

　実際に大きなお金は現金化しておくし、現金で持っているのが不安なら普通預金で持つようにしてください（その際、もちろん代理人カードを作っておく）。

　親を説得するのは長期戦になるかもしれません。"凍結"の恐ろしさ、やるせなさ、無力感は経験してみないと分かりません。（でも一度それをされてしまうと「家族信託」は難しくなりますから、凍結させるわけにはいきません）

　もうひとつ、やっておくべきことは――

　銀行に言われるままに投資信託にはしないこと。

　そして、生命保険ばかりを増やさないでください。

　銀行から定期預金を頼まれたら、**100万円以上の定期預金にはしないこと**。なぜなら「100万円」は、ATMでキャッシュカードを使って定期預金を解約できる"上限"だからです（最近は、キャッシュカードで満期の

定期を解約したり、期日前の定期の解約予約をできないようにしている銀行も多いです。規約を読み返してみてください)。

銀行は変わってしまった、と親に刷り込んで!

　銀行は、季節ごとに定期預金や生命保険、投資信託をすすめます。もうこれ以上、お人好しに銀行の窓口のノルマ達成につきあわないでください。これはもう"世間の常識"ですよ。
　そしてきょう、常識をもうひとつ加えてください。
　「あなたがボケたら、(認知症だとわかれば)真っ先に口座を閉ざしてしまうのは、窓口に座っていた人たち」であること。
　この常識をどうか、今もなお『銀行窓口の人たちはいい人だ』と固く信じている親御さんたちに、「今はもう、違う時代になってしまった。窓口の人が意地悪になったのではなく、銀行がそうしている」ということを、何度も、何度も、伝えてください。

　高齢者は、ただ高齢であるという理由で、預貯金の解約や引き出しが極端に難しくなる、という現在の銀行・郵便局の事情を刷り込んで、親御さんに危機感をもってもらいましょう。
　それしか親の「家族信託なんて知らない」「どうだっていい」という自殺行為みたいなことを、止める手立てはないんです。

終章

家族信託契約書ができるまで

最後に、家族信託契約書作成までの流れをご説明します。

I　家族信託のパンフレットを活用

初めてのヒアリング

　メールか電話で予約をいただいたうえ、相談者と私が面談します。
　通常は予約をいただくと、家族信託のパンフレット（16P）とヒヤリングシート（10P）をお送りし、事前に書けるところは書いてきてもらいます。

- 相談者と委託者候補の住所、氏名と生年月日、連絡先。
- 家族信託で実現したいこと・かなえたい願い（箇条書き）
- その障害となると思われる懸念事項（箇条書き）
　　例：認知症の進行、家族の○○の反対など
- ご準備いただく書類
　　□家族関係が分かる戸籍謄本　　□あなたの印鑑証明書

☐信託予定不動産の登記事項証明書　☐同じく納税通知書
　　　☐会社の定款、登記事項証明書　☐直近の決算書、株主名簿
　　　☐（あなたを含む親族の）遺言書
・相談者を中心とした「家系図」
・信託する予定の財産一覧

　1回目の面談では、上記の書類は持参しなくても結構です。ヒヤリングシートは、「相談者は受託者になる人」という前提でつくってあり、実際の相談の席では受託者（候補）から話を聴くことが多くなります。

　まず、関係する人たちの年齢（生年月日）や人間関係、同居・非同居、職業、結婚歴、子のあるなし、親族間の立場など、かなり立ち入ったことまでお聴きします。

財産構成の確認

　財産構成の確認は、1回目の面談中にお聞きします。

　▼現金・預貯金の額（委託者の年金が入る通帳）▼不動産（固定資産税評価額や担保の有無まで）▼自社株式（株数と占有率）▼上場株式（口座の取引規模と運用会社）▼生命保険▼その他の財産▼負債

　全体の概略をお聴きし、思い入れのある財産については、そのエピソードまできくことがあります。

委託者の真意を汲み取る努力を

問題の洗い出し

　これはヒヤリングシートでいうと「その障害となると思われる懸念事項」のことです。ヒヤリングの中では、ここがいちばん重要。次の受託者候補がいないというのは深刻な問題ですが、初めからわかっていることですから、対処方針さえ決めておけば後からこれが原因で混乱するということはあまりありません。

ところが家族の中に「家族信託すること」に反対、あるいは信託する意義がわからないという人がいる場合は、焦らずにじっくり説明し、分かってもらう必要があります。前章第Ⅱ節の「委託者がうんといわない」というのは、まさにこの問題です。どこが不安なのか、そこを突き止めないで、心にわだかまっている問題をよく聴かないまま契約書作成を急ぐと、委託者の不安が増幅してしまいます。

　だまされているのではないか？ 財産を取られてしまうのではないか？ 信託をすすめよう、それが最善の道と信じている側からすると「根拠のない不安」に見えても、高齢の委託者（候補）にとっては生きるか死ぬかの問題。そこに心を寄せられるかどうかが、解決できるか、崩壊してしまうかの瀬戸際です。

相続全般を考えて適切な方法を選択

使うツールの提案

　家族信託は、委託者の生活を安全に最後まで見守るための方法であると思います。まず第一に、長い老後を安心して暮らしてもらう。そのうえで、もし希望があるなら、自分がいなくなってから以降にその行く末が心配な人がいれば、その人の安心と幸福についても道筋をつける、という目的も実現できる方法です。

　さらに、自分の財産を思うように人に分け与えたい、という思いもかなうという意味では「遺言」の機能まで持っていることになります。しかも、遺言で決められるのは次の世代への承継だけですが、家族信託はその先の先の世代に対してまで影響力を持てる"超遺言"の機能まであるというわけです。

　つまり「相続」を考えるときに家族信託という方法があれば、さまざまな承継が可能になります。そのほか「相続」に絡む話といえば、税金のこともありますね。どう節税するか、生前贈与はどうするか。などと考えて

いくと、生命保険や不動産を活用した対策までがテーマの中に入ってきます。もちろん本家本元の遺言のことも。

仕事で欲をかく気はありませんが、ヒヤリングを進めていくと、単に家族信託を使うだけでなくさまざまな問題点や、違った意味でのアイデアが浮かんできます。

よく家族信託の専門家が言うのは、「家族信託と遺言と任意後見契約のセット化」です。家族信託には身上監護機能がないから、任意後見契約を同時に結び、入退院や介護の手続きをする。あるいは、追加信託をしたくなった時期に委託者の認知症が進んでいると委託者の預金を（受託者は）動かすことができないから、そんな時に備えて任意後見契約も委託者と交わしておく。

これに対して私は、「遺言と家族信託とのセット」はあってもいいと思いますが（信託外の財産の相続を指定するため）、**任意後見契約まで広げて"重装備化"する必要はない**と思っています。せっかく家庭裁判所という公的機関の影響を受けないようにしているのに、わざわざ呼び込むメリットはないと考えています。

一方、節税や生前贈与の希望がある場合は、そちらのことも考えながら契約書の設定内容を考えていきます。

家族信託の報酬は30万円台を基準に

報酬と実費を見積もり

以上、家族信託の方向性がだいたい決まったところで、契約書作成とそれに伴うコンサルティングの報酬を提示して、私と委託者、受託者との契約となります。

みなさん、家族信託はいいけれど、作るコストが高い、と思っていませんか？　私も実はそう思っています。東京や首都圏では「100万円を超える」例があると聞きますし、インターネット検索をすると「平均で60万

円－70万円」という数字が出てきたりします。

　成年後見制度の後見人等にかかる生涯報酬コストは数百万円から1000万円を越えることがあることを考えると、これでも"格安"とする発想もありますが、実際に自分が契約書を作成したときの呻吟具合や、費やした日数、調べに要したエネルギーを考えると、通常のそれほど難しくない家族信託については「30万円台」に収まってよいのではないかと考えます。

　それから割り出した報酬は以下の通りです。

最低報酬25万円＋信託財産の価額×0.5％（または0.4％、0.3％）

※不動産は固定資産税評価額によります。

　信託財産に掛け合わせる数字が「0.5％から0.3％まで」と幅があるのは、契約書の難易度によります。

受託者・受益者決定

　受託者からの相談が多いですから、受託者は最初のヒヤリング時にほぼ決まっています。ただし後継受託者となると、苦しい選択をせざるを得ないような場合があります。委託者もはじめから決まっているようなものですが、委託者候補が「そんなものはいらない」と頭から信託の価値を否定してかかるような場合は、配偶者を委託者兼当初受益者にし、本来その人のために信託をする予定だった人（委託者候補だった人）をあえて第2受益者にして見守っていく、というスキームに換えたこともあります。

　また、家族が①夫②妻③子1④子2のような時、夫を委託者にして夫が死亡したときに信託を終了させれば、②③④が帰属権利者になりますが、②を第2受益者にした場合は、②が亡くなったときに信託が終了し、③④が帰属権利者になります。

　一方、第2受益者を②③④とし、②が受益権の2分の1、③④が共に4分の1を得るように、その受給の仕方を変えるような信託契約にすることもできます。

　このように、受益者については多様な選択肢が出てきますので、家族そ

れぞれの気持ちをていねいにヒヤリングする必要があります。

家族会議で意思統一

もっとも望ましい形は、委託者が中心になって、ご自分の思いを家族に伝えることです。家族信託には遺言に代わる機能がありますから、相続人の希望を聞くことはとても大切です。家族の思いが一致していることが家族信託成功の秘訣です。

信託契約書の下書き

家族全体の信託に寄せる思いがわかったら、いよいよ契約書の形にまとめます。契約書は一言一句、正確でなければなりませんので、印鑑証明書、戸籍、登記事項証明書がこのときまでには揃っている必要があります。家族信託では、事実上の相続（信託財産の帰属先）について必ず触れますので、戸籍は［委託者の現在から出生時までさかのぼって］、全部の戸籍が必要です。

関係機関との折衝

公証役場で公証人に家族信託の契約書（案文）を見てもらいますので、事前折衝が必要です。契約書のチェックに要する時間は、最短でも3週間くらいはかかります。書類が揃わなかったり、思いがけない勘違いがあったようなときには、さらに長引く可能性があります。

銀行との事前折衝は欠かせません。特に三井住友信託銀行で受託者用の通帳を作る場合は、公証役場に契約書を届ける前に同行の専用セクションに契約書の事前閲覧をしてもらわなければいけないので、さらに日数がかかることになります。

契約書案を決定

公証役場、三井住友信託銀行で契約書について意見があった場合は書き直しを検討し、委託者と受託者に変更理由と内容を説明します。

公証役場で契約締結

信託の両当事者の納得が得られたら契約書を公証役場に再提出し、契約締結の日取りを決定し、委託者と受託者に当日、公証役場に来てもらいます（委託者が病床にいるようなときは、公証人の出張も可能です）。両当事者を前に公証人が契約書の条項を読み聞かせし、異存がないか確認します。両者の納得が得られたら、サインをし、実印で押印して契約は完了です。

登記や通帳等を作成

契約は調印した瞬間に有効になりますから、委託者が速やかに受託者の通帳に信託契約で決めた額を入金します。

信託財産に不動産があるときは、委託者が登記義務者となり、家族信託契約書の正本のコピーと［信託目録］等の必要書類を持参して、所有権移転登記（委託者→受託者）と信託の登記を同時に行います。この手続きは、実際には司法書士に依頼することが多いです。その際、司法書士は委託者本人の意思確認を行います。

家族信託の運営

さあ、家族信託のスタートです。委託者の財産は、家族の手によって管理と運営、処分が行われます。実質的には今までと同じ。ただし、銀行でなんとはない不安を感じていた今までとは違います。不動産についても「ボケたら売れなくなる」などと心配する必要はありません。

いままでと同じように暮らし、いざとなった時には最善の処分行為が行

えるということが、家族信託をした最大の意味です。

「家族信託のパンフレット」と「ヒヤリングシート」
＞読者に無料でお届しますく

　この章の冒頭でご紹介した家族信託のパンフレットとヒヤリングシートを、ご希望の方に無料で郵送いたします。

　パンフレットは16ページ。本書と同様の内容をコンパクトに解説しています。ヒヤリングシートは「料金表」「家族信託でできること一覧表」「本人、ご家族の概況記入欄」などからなる8ページ、さらに「委託者さまの常況ヒヤリングシート」2ページを追加しました。

　特に『家族信託の契約が今からでも間に合うか』とご心配な方は、常況ヒヤリングシートに記入することで、おおよその見当がつきますので、ご活用ください。

　パンフレット等のお申し込みは、下記のメールフォームからお願いいたします。

https://kazokushintaku-shizuoka.net/give-a-family-brochure-brochure/

お急ぎの場合は電話でも承ります。
電話：080-3202-0207

Ⅱ　専門家に相談って、誰に頼ればいいの？

　そうですね。この問題に答えていませんでした。
　どんな相談でもそうだと思いますが、特別なことをやろうとするときには、専門家にたずねた方が確かです。体調が悪い、体に確かに異変を感じているような時に、占い師に聞いたり、近所の人に相談する人はいないですよね。自分の症状をインターネットで検索したり、診療科目に見当がつくときには評判の医者を本やネットで調べたり、時間をかけていられないときにはとりあえず、近所のお医者さんにかけこむでしょう？

命にかかわる大事を、素人には頼まない
　つまり命に係わるかもしれない大事を抱えたら、人は素人には頼らないということです。
　ところが終活や相続のことになると、途端に素人談義のレベルに戻ってしまいます。なぜですか？
　私の講演を聞いた70代の女性が、遺言をつくりたいと電話してきました。日取りを決めてお待ちしていたのに、断りのはがきが来ました。読むと、隣の人に相談したところ「『誰にも内緒にしてよ』と頼んだのに、一番聞かれたくないうちの嫁に話してしまったので、もう遺言は書けなくなった」というのです。
　自分の大事なことを、なぜ隣人なんかに話すのか！　と、その時はムッとしたのですが、『いやいや、待てよ?!』と考え直しました。
　その人は私と相談することが決まっていたのに、なんの知識もない隣の人に相談したのです。なぜかと言えば、不安だったのではないでしょうか。私はやさしい顔をしながら、かなりきついことをズバズバ話します。断定的に結論を決めつけられて、自分の本意と違うことをすすめられたらどうしよう、と考えたのかもしれません。

反省しました。シュンとなりました。原因は私だったのかも。

話をよく聴いてくれる専門家を見つけよう

　介護施設でグループ討議に参加していたとき、成年後見や家族信託のことを話しました。興味深そうな反応でした。「なんでも聞いてください。ここで聞きにくければ、呼び止めてくれても、事務所に来てくださっても、電話でもいいですよ」というと、ひとりの方が申し訳なさそうに手を挙げました。「相談料はおいくらくらいですか？」と聞かれ、思わず笑ってしまいました。「もちろん、ただですよ。相談ですからね」

　こういうと誤解されそうなので補足しますが、私はプロですから、仕事をすれば規定の報酬はいただきます。しかし「相談」を受けたような場合、回答に近いようなことを言ったとしても、報酬請求はしません。例えば子のない夫婦で、「妻に全財産を遺したい場合、どうすればいいですか？」と聞かれたら、「『妻に全財産を相続させる』という遺言を書けばいいですよ」と即答するでしょう。

　これは答えを言ってしまいましたから、ちょっとよい例ではなかったですが、「相談」というのは、その人の状況を確認するための事前作業です。私はあらいざらい、全部聴きたい方です。ですから相談時間は1時間、2時間と長くなることもあります。それをお金に換算したりはしません。どこで仕事をしようか、どんな提案をしようか、こちらも聞きながら考えているわけですから。

　これが「どの専門家に相談すればいいの？」の私なりの答えなんです。人の話をよく聴く専門家にまさる専門家はいないと思っています。

　相続の話はおもしろいです。いろんな要素が詰まっており、解決したいことはそれぞれ違うし、興味がつきません。だから私は、人の話を熱心に聴く先生は信用します。ふんぞり返って威張って聴くような人でも、「これは」というタイミングで聞き返す人はよい先生だと思います。悪い先生

は、お客さまの状況に無関心な人。

自分の仕事に誘導する専門家は避ける

　人生終末期の相談って、いろいろありますよね。

　認知症や成年後見、家族信託、遺言、税金の話、不動産活用、生命保険、生前贈与や、最近では「延命をどうする？」といった話や年金、介護制度まで。ひとつひとつ聞いていけば、きりがないほど話は広がります。

　そんなときに、早々にあなたから聞き出すのをやめて「こうしましょうか」と自分がしたい方向に引っ張っていく専門家はお勧めしません。相続といえば、節税のことしか話さない税理士もいます。多くの専門家が、自分の仕事に結びつく話しか聞こうとしません。

　専門家といえば、弁護士、司法書士、税理士、行政書士、社会保険労務士、介護福祉士、ファイナンシャルプランナー、ライフプランナー、不動産鑑定士、不動産売買の専門家などがいて、『私の問題は誰が解決してくれるの？』といった場合、確かにどの専門家の門をたたけばいいのか分からないでしょう。

　多くの場合、「私の問題」「私の不安」といっても、その問題、不安がどこから来るのかさえ分かっていないのではないでしょうか。こういう状態の人のための最適な専門家を見つけることは、とても難しそうです。まず、片っ端からセミナーにでかけてはいかがですか？　そのうちに、ご自分の問題のありかがわかります。問題さえ分かれば、解決できる人を見つけるのはそれほど難しくはないでしょう。

　解決策を提示してくれそうな専門職種が分かれば、後はその分野の先生の選別です。はっきり言って、玉石混交ではあります。当たりもあれば外れもある。基準の第一は、あなたの話をきちんと聴くかどうか。いきなり答えをいう先生はやめた方がいいでしょう。得意分野がある場合（例えば「家族信託」）「家族信託すればなんでも解決します」というような人も避

けましょう。どんな方法であっても、すべての問題を解決するような"魔法の道具"はありません。その先生は、底が浅いです。

長文メールの返信をくれる先生を選ぼう

　質問したら、ひとつのことしか言わない専門家も、力は知れていそうです。分からないとき、あいまいな答えでごまかす人も用なしですね。分からない場合は、はっきり「わからない」と言い、わからない理由まで説明する人なら信頼できます。

　うーん、どこまで書いても結論が出ません。
　そうか、ひとつ方法がありますね。
　専門分野に、相続、遺言、成年後見、家族信託のどれかを入れている人を探してください。ほとんどの士業はホームページを持っています。その中に「問い合わせ」や「相談」の窓口が書かれていると思います。メールフォームが出てくると思いますので、そのメールに「あなたの問題」をできるだけ詳細に書き、回答を求めてください。「回答に得心がいったら、一度ご相談に伺いたい」と書いておくのです。
　熱意がこもった長文のメールが返ってくるようなら、訪問する価値があるかもしれません。通りいっぺんの数行のメールなら、スルーして大丈夫です。
　最後に付け加えるなら、そうですね、あまり若い人より、歳をある程度重ねた人の方がよいと思います。家族信託は高齢期を生きる人のための対策です。理知や合理性、知識だけで引っ張っていくものではありません。寄り添う気持ちや"加減がわかる"落ち着いた人がいいですね。

あとがき

　まえがきに「人生 100 年時代」と書きました。
　特別な思いがあるからです。
　高齢の人たちの前で講演やセミナーをすると、80 代でかくしゃくとしたご婦人たちをよく見かけます。本当にお元気で、『とてもかなわない』と思ったものです。でも最近は、私の感じ方が少し変わってきました。
　私が行政書士というこの職に就いたのは、新聞社を退職した 62 歳の時でした。開業から数年は、同じく開いた出版社の仕事に気持ちが行っていたので、行政書士はほぼ開店休業。まじめに高齢の方々と接し始めたのは 65 歳のことでした。
　65 歳の自分はすでに「高齢者」ですが、そんな気持ちにはこれっぽっちもなりません。40 代のころと大して変わらないと思っていました。
　あるときセミナーで、自信満々に「私がいくつか分かりますか？」と会場に問いかけました。すると最前列のご婦人が首を傾げながら「70 歳？」と。愕然としました。白髪は近ごろ増えたが、自分では 50 代で通るだろうと思っていたのです。

　80 代のご婦人も、自分では「おばあさん」と思っていないかもしれません。しかし 85 歳を超える頃には、元気にセミナーに来られるかどうかは分かりません。
　私の母が病を発症したのは満 80 歳の時でした。それまでは美人で通り、おしゃれだったのです。はじめは原因不明で、歩きにくくなりました。当時の診断は頸椎症。それが次第に幻覚が現れるようになり、パーキンソンに似た症状が現れ、「レビー小体症じゃない?!」ということになりました。
　足が曲がり、体が固くなり車いす生活に。デイサービスに通っていた日々も、今から思えば短い期間で、背中に褥瘡（じょくそう）を作ってし

あとがき

まい、介護を手伝っていた私では骨にまで届いてしまった背中の傷の手当てをするなぞ思いのほかで、結局、老人病院にお世話になったのです。

そこからの日々は急降下。やがて嚥下がむずかしくなり鼻からチューブの経鼻胃管栄養に。1か月後、自立した意識はほとんどなくなりました。それから足掛け7年、この原稿を執筆中の今年1月に母は亡くなりました。行年94歳でしたから、80歳からの13年間は闘病の日々だったことになります。

一方、父は90歳まで母の病院に見舞いに行っていました。2年前の正月3日、脳梗塞で倒れ、5日目には鼻からチューブを打診され、3ヶ月でチューブを外して自力摂食にと劇的な回復を見せたものの、右半身はずっとマヒし、嚥下もむずかしい状態。半年後また経鼻栄養に戻り、タンの吸引がむずかしくなって母がいる病院に入院。見舞っていた母より早く、92歳で息を引き取りました。

まったく想定外でした、母の80歳までは。父に至っては「100歳まで元気だな、この人は」と、健啖家ぶりに私は長命を確信していたのです。母はともかく、父の100歳長寿はあり得るものと思っていました。あの日までは。

まえがきに描いた800メートルトラックに、後で嵐の日の絵を付け加えました。人生第5コーナーはさすがに過酷なようです。

それに、**銀行による凍結**が加わりました。雨風は確実に強く吹きすさぶでしょう。何しろ、「老後のために」とわざわざ崩しにくい定期預金にしていたお金です。それを銀行は、自分の一存で止めてしまう。

法律を読んでいるから、止める理屈は分かる。

しかし、人間としては許せない。

なぜ"銀行の自治"を発揮しないのか。

成年後見なぞお客さまに使わせなくても、銀行の善管注意義務を果たすことはできる。安易に制度に誘導し、お客さまに多大な精神的な苦痛と、

あとがき

数百万円に上る経済的な損失を与えることはない。もっと許せないのは、銀行はそのような負担をお客さまに強いていることに痛みを感じていないこと……。

とは思うわけですが、銀行のこの"暴走"は止まりますまい。成年後見制度は、普及推進の法律まで作って、ゴリ押しの構え。運用の誤りに気づく気配は今のところなさそうです。であるなら私にできることは、「こういう時代になっているんですよ」と警鐘を鳴らすのみ。

非力を承知で、一石を投じた次第です。

家族信託はきっとあなたの家庭を救います。
『認知症の家族を守れるのはどっちだ⁉ 成年後見より家族信託』をどうぞよろしく！

石川　秀樹（いしかわ・ひでき）

1950年静岡市生まれ。
早稲田大学第一政経学部卒
静岡新聞記者40年、元編集局長
62歳で相続専門の行政書士開業。3年前から家族信託に出あう。
同時に成年後見制度を知ることとなり、記者として、家族として疑問に思うことが多く、ブログなどで主張を述べてきた。
2016年11月　『大事なこと、ノート』出版
2018年7月　静岡県家族信託協会を設立

石川秀樹行政書士事務所
　〒420-0816　静岡市葵区沓谷1-3-16
　電　話　054-207-9592
　メール　hide.27.mail@gmail.com
　ホームページ　https://kazokushintaku-shizuoka.net/

認知症の家族を守れるのはどっちだ!?
成年後見より家族信託

2019年4月25日　初　版　発　行
2021年12月15日　5　刷　発　行

著　者
発行者　　石川　秀樹

発行所　　ミーツ出版株式会社
　　　　　〒420-0816　静岡市葵区沓谷一丁目3-16
　　　　　電話　054-207-9592

発　売　　株式会社メディアパル（共同出版者・流通責任者）
　　　　　〒162-8710　東京都新宿区東五軒町6-24
　　　　　電話　03-5261-1171

印刷所　　藤原印刷株式会社

©Hideki Ishikawa　Printed in Japan 2019　ISBN978-4-8021-3149-0
定価はカバーに表示してあります。

万一、落丁乱丁などございましたらお取り替えいたします。
本書の全部または一部を無断で複写（コピー）することは、著作権法上での例外を除き禁じられています。